お客さまの心をつかむ「コトPOP」の実例集

「①価値がわかるコト、②役に立つコト、③ワクワクするコト」を
具体的にコトPOPにしてみました。参考にしてみてください。
（第4章の74〜76ページと対応しています）

①価値がわかるコトPOP

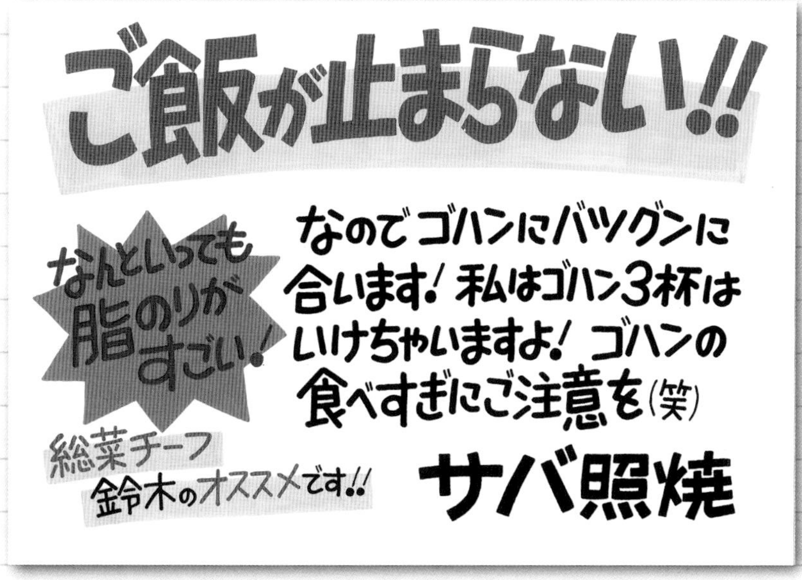

ご飯が止まらない!!

なんといっても
脂のりが
すごい!

総菜チーフ
鈴木のオススメです!!

なので ゴハンにバツグンに
合います! 私はゴハン3杯は
いけちゃいますよ! ゴハンの
食べすぎにご注意を(笑)

サバ照焼

1. おすすめ POP 消費者としての自分の体験を伝えることが、
お客さまの「なるほど」を得るために、とても有効。

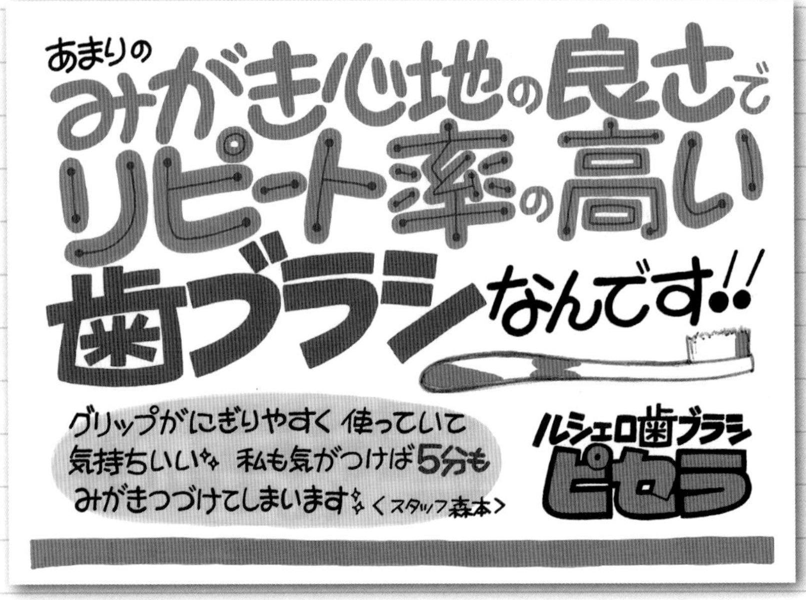

2. 人気POP　リピート率の高さが「人気」のバロメーター。
商品の特徴をアピールし、価値に気づかせている。

あまりの
みがき心地の良さで
リピート率の高い
歯ブラシなんです!!

グリップがにぎりやすく 使っていて
気持ちいいな 私も気がつけば5分も
みがきつづけてしまいます♪ くスタッフ森本〉

ルシェロ歯ブラシ
ピセラ

3. 売上げNo.1 POP　具体的な数字を大胆に大きく打ち出すことで、お客さまに
「No.1」の実績と理由を同時に伝え、強く印象づけている。

2月の売上げNo.1!!
おかげ
さまで
315パック
も売れちゃいました!!

その名の通り 脂のりのいい
白身魚です。鮮度落ちが早く
刺身での販売は珍しいんですよ!!

＜八戸産＞
油がれい
刺身用

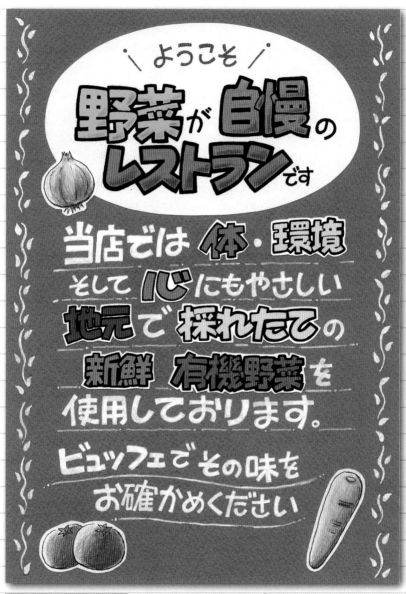

4. 安心・安全 POP キーワードとなる文字を強調し、「自慢」の理由を伝えることで、安心・安全をアピール。黒板を思わせる緑色のバックも親近感を与えている。

放し飼い地鶏の しゅりの里

■ しゅりの里の卵はここで生まれました。

高知県幡多郡三原村は、標高120mの高原地帯に位置する山村です。周囲は山々に囲まれ、国道も通っていない小さな村です。そんな自然いっぱいの村に、しゅりの里があります。20,000平方メートルの広大な草地に、7つの鶏小屋を設け、鶏たちがのびのびと生活しています。

この 使って実感 やわらかさ

赤ちゃんにもやさしいふわふわでやわらかな手触り。国産コットン100%のガーゼを8枚重ねにした手作りのハンカチです。吸水性バツグンです。

ふわふわ
マシュマロ ハンカチ

ふわふわでしゅ

デリケート肌のスタッフ永井も愛用中です!

5. 生産地のこだわり POP

お客さまに、ゆったりとした自然環境をできるだけ詳細に伝え、商品の生産地をイメージしてもらうことが、価値アップにつながる。

6. 品質・素材のこだわり POP

お客さまに、商品のこだわりをアピールするとともに、「スタッフ愛用中」のひとことが品質のよさのリアリティを生む。

ラーメン屋「空海」製法のこだわり

フレンチのスープストックに倣った
『ゲンコツロースト製法』

空海では、フランス料理のフォン（スープストック）に倣い、ラーメン屋ではじめて、ゲンコツ・鶏ガラをていねいにローストし、焼き色をつけてスープをとっています。だからこそ実現できた上質の澄んだスープと、今までにない繊細で独特なコクと香ばしい香り。ゆっくり、じっくり、手間をかけたスープは、ラーメン通をもうならせる絶品と評判です。

山形から 幸せをお届け

出羽の恵み かすり家

幸運をよぶ

幸せ どら焼き

こんにちは♪ 店主の東海林（とうかいりん）です。

このどら焼きは『食べた人、もらった人が、更に幸せになりますように』との願いを込めて作りました。

● 山形産の小麦粉ともち粉が入ってもっちりしています。
● あんはあっさりやさしい甘さです。

---

7. 製法の こだわり POP

おいしさを後押しする「製法のこだわり」を詳細に書くことで、お客さまの「食べてみたい!!」気持ちを喚起。

8. 生産者・店員 の想い POP

個性的な商品名を大きく書き、お客さまの幸せを願ってつくったという想いを伝えて、お客さまの「なるほど」と「なごみ」の心を誘う。

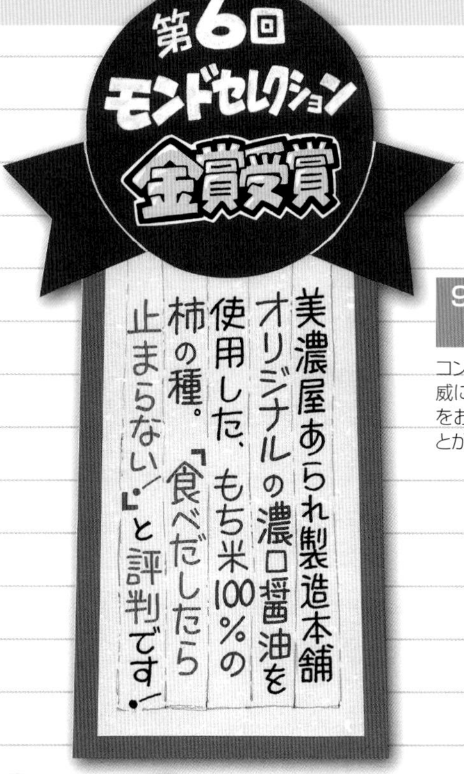
第6回
モンドセレクション
金賞受賞
美濃屋あられ製造本舗
オリジナルの濃口醤油を
使用した、もち米100%の
柿の種。「食べだしたら
止まらない!」と評判です!

9. 受賞歴・専門家の評価POP

コンテストなどの受賞歴は、権威に保証された特別感と価値をお客さまにアピールすることができる。

10. 愛用者数・ユーザー数POP

愛用者数は商品に対する信頼度と比例する。専門家の評価もプラスされ、お客さまの背中を押している。

愛用者多数!!
1300万本突破!!!
美容コラムニスト水野さんも
大絶賛のスキンケアシリーズ
なんと95%の方が
使って満足!
もちろん 私も使ってます!

② 役に立つコトPOP

チーフ土屋の
オススメ！

いつもの冷奴もいいけれど
こんな食べ方は
いかがですか？

ごま油を
少したらす
たこわさび
豆腐

豆腐にたこわさびをのせて
ごま油をたらす…だけ！

お父さんのお酒のあてに
喜ばれますよ！

私は 絹ごしが好きです！

1. 食べ方提案 POP　定番商品のちょっと変わった食べ方提案は、献立
を考える人の強い味方。興味・関心を呼ぶ。

日本酒入門

女性のための
スパークリング清酒はこれ！
シュワッと弾ける発泡性清酒。
そのままでも、ライムやレモンを
加えてカクテルのようにしても。

酒売場担当 橋本

**2. 飲み方
提案 POP**

ターゲットをしっかりと
「入門」「女性」に絞り、
さらに女性層に向けた
具体的な提案でトライ
アルを引き出している。

口絵(7)

3. 関連販売POP

メインの商品に関連した商品を組み合わせることで、より大きな楽しさやワクワク感をイメージさせている。

4. レシピ・アレンジPOP

ポピュラーな商品をアレンジすることで生まれる新メニューは、お客さまの料理のレパートリーの幅を広げることができる。

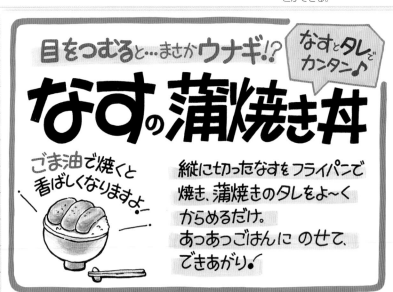

5. コーディネート POP

イラストをたくさん使った具体的な提案で、お客さまが身に着けたときのイメージを明確化している。

— 帽子を楽しもう —

ストローハット
春夏に大活躍！
マニッシュに フェミニンに
かぶるだけで オシャレ度アップ！

ベレー帽
フレンチシックな着こなしや
ガーリースタイルに！

ニット帽
カジュアルコーディネートの
マストアイテム！ コットン素材は
オールシーズン楽しめます！

中折れ帽
マニッシュや
ボーイッシュなスタイルに
ピッタリ！

キャップ
ボーイッシュな着こなしに！
ガーリーなスタイルで
甘辛ミックスを楽しんでも！

ねぇ 知ってた？

夏の **水分補給** には

常温 の **飲物**

が良いんですって！

● 熱くなったカラダに、冷たい
飲物を 急に入れると、カラダが
ビックリして、お腹をこわしたり
することが あるんです。

お腹にやさしい水分補給を

さらにもうひとつ！
のどが乾く前に
飲むが ベスト！
ですよ

＜ スタッフ おだじま ＞

6. 健康・美容 提案 POP

お客さまが「なるほど」と思う関連知識でアドバイスを送りつづけることがリピーターづくりの秘訣だ。

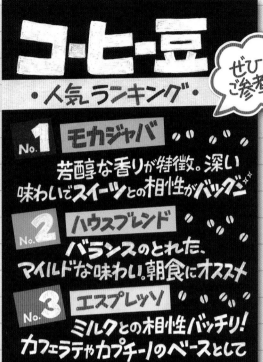

7. ランキングPOP

お客さまにとってランキングとは、得する、あるいは失敗しない買い物のための目安。比較もでき、買い物時間の短縮にもつながる。

8. 利用シーンPOP

活用方法を単に伝えるのではなく、そこにある楽しさや便利さなど、役立つことを伝える。

ぬか漬けより　カ・ン・タ・ン♪

ヨーグルトで漬け物

● プレーンヨーグルトに塩を混ぜ、タッパー等の
容器に入れます。そこに塩をつけた野菜を
入れて冷蔵庫に。浅漬けなら一晩。
しっかり味の場合は二～三晩漬け込んだら
できあがり‼

主婦歴3年の私でも
おいしくできちゃいます！

9. つくり方・育て方POP	お客さまの「やってみたい！」に火をつけるキーワードが「簡単（カ・ン・タ・ン）」。レシピは読んで覚えられるくらいシンプルに。

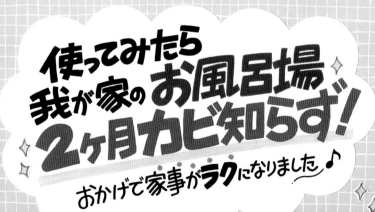

使ってみたら
我が家のお風呂場
2ヶ月カビ知らず！

おかげで家事がラクになりました♪

使い方もカ～シタン♪

カビ君！バイバイ！

10. 簡単・便利POP	どれぐらい簡単なのか、便利なのかということを具体例で説明し、お客さまの「なるほど」を引き出している。

③ ワクワクする コトPOP

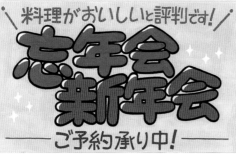

テレビでも おなじみ!

和風あん餃子

「夏目家」

7/26 (火)

午前10時 販売開始!

大人気の餃子やさん、和風あん餃子の
「夏目家」が 7月26日(火) 限定出店
してくれます!インターネットで
半年待ちの大人気餃子!

予約も承って
おります

この機会にぜひ!

1. 事前告知 POP

具体的な日時を入れると、お客さまの中でカウントダウンがはじまり、商品への期待感とドキドキ感が増幅する。

料理がおいしいと評判です!

忘年会
新年会

ご予約承り中!

年末年始こそ ぜいたくに
タラバガニや トリュフペースト など
高級素材のメニューご用意しております

おすすめは こがね鶏の半身揚げ

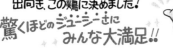

■当店の料理長(吉田)が生産地まで
出向き、この鶏に決めました!
驚くほどの ジューシーさに
みんな大満足!!

2. イベント POP

「料理長が出向き」というひとことが、その食材の価値と特別感を高め、お客さまの「食べてみたい」という期待感を大きくしている。

限定や希少性の理由を知ると、お客さまの中で商品価値がアップする。 それに加えて、手に入れたときのワクワク感も大きくなる。

お待たせ
しました!!

これこそ 産地の特権 ✧
限られた期間 限られた数量
しか 手配できませんが、 どうぞ
今こそこの味をご堪能くださいませ!

私も 今夜 お酒のあてに…といきたいところ
ですが、お客様のために ガマンします (佐々木)

期間限定 **生ほたての子
刺身用**

新商品

カレーパンにきのこ
入れちゃいました!

**きのこ
カレーパン**

・エリンギ
　・マッシュルーム
・ひらたけ ブナシメジ
など
など きのこがた〜っぷり!!
きのこと相性のいい
デミグラスソースを加えた
カレーパンです!

きのこ
好きには
たまりません!

4. 新商品POP

お客さまに新商品のトライアルを促すためには、まずどこが新しいのかをしっかりとアピールすることが大事。

髪と地肌にやさしい天然素材

ウッドヘアブラシ

『このブラシは静電気が起きにくく、髪の多い私でも絡まりにくいのがうれしいです。小2の娘も自分で毎日上手にブラッシングしてますよ！』

親子で使っていただけてうれしいです！あなたもぜひこの使い心地を体感してください！

愛用中のお客様の声

三上さん
主婦(32才)

5. 購入者の体験談POP

購入者の体験談にはリアリティがあり、自分も同じような体験が得られるという期待感を与えられる。

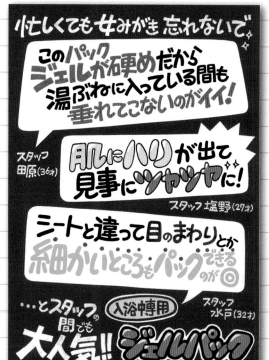

忙しくても女みがき忘れないで

このパック ジェルが硬めだから湯ぶねに入っている間も垂れてこないのがイイ！

スタッフ 田原(36才)

肌にハリが出て見事にツヤツヤに！

スタッフ 塩野(27才)

シートと違って目のまわりとか細かいところもパックできるのが◎

入浴博用

スタッフ 水戸(32才)

…とスタッフの間でも大人気!! ジェルパック

6. 店員の体験談POP

商品をよく知る店員のコメントには信頼感と安心感があり、購入を考えるお客さまにとって商品購入のきっかけとなる。

7. 商品の
エピソード POP

商品が出来上がるまでの物語を知ると、お客さまは「つくり手」に感情移入でき、商品に愛着を持つ。

浜うどん 誕生秘話

宮崎県川南町の名物「シイラ」の美味しさを
伝えるべく結成された『チームがはは』は、
シイラの魚粉を練り込んだうどんを思いつく。
困難な粉末作りにも負けず、自分達の力で、
ふんだんに魚粉が入る「浜うどん」をついに完成させた!!!

浜うどん

でけたよ〜

宮崎県川南町

チームがはは [平成23年度 東児湯連合戦優勝チーム]　　　　　東児湯五町連携協議会

よーく間違えられますが、お気に入りです。

いちごや いちえ
一期家一笑
の、名前の由来。

当店は、以前「スパー境田店」という名前でお店を営んでいました。それが 2009年の冬に、いわゆる"オトナの事情"という奴で、店名を変更することになりました。

そこで店長がひと言。「全員、考えてきて」。
スタッフからはいろんな店名のアイデアが出てきました。

その中のひとつに「一期一会」というものがありました。
出会いを大切に、という意味合いの四字熟語です。
それに「笑顔」と、「家庭的な温かさ」加えたいと思いまして
「一期家一笑」という名前を付けさせていただきました。

お客様やスタッフの笑顔が溢れる場所。
そんな場所になれるように、今日も笑顔でいたいと
思います。

ichigoyaichie.jp

8. 名前の由来 POP

名前に込められた店の想いをお客さまに伝えることで、お客さまは店を身近に感じ、応援したくなる。

創業160年以上の歴史を持つ 『つぼ市製茶本舗』

嘉永3年 大阪堺に創業。昭和20年 空襲で店を失います。その後、焼け残った看板が奇跡的に見つかり、当時の店主が再起を誓ったというエピソードがあります。私たちは今も残るこの看板を見るにつけ、お客様に最高の品質をお届けするべく決意を新たにしております。

9. お店の歴史や伝統POP

長い歴史の中でつちかい受け継がれてきた伝統や高い技術もさることながら、とりわけ、そこに「人」とからめたエピソードが加わることで、お客さまの心を打つ。

TBS、読売新聞等 各種メディアで紹介されました!!

横浜の老舗 米菓メーカー『美濃屋あられ製造本舗』が『横浜発祥のナポリタン味のあられがあれば面白い』と言われたのがきっかけで商品化しました。"ナポリタンに近い味を追求した"自信作です!!

横浜ナポリタン

10. メディアでの紹介POP

メディアでの露出というワクワクをそのまま店内で再現しよう。メディアで紹介されたことが人気を立証し、説得力が生まれる。

コトPOP®

を書いたら あっ、 売れちゃった！

山口 茂

POPの学校 校長

すばる舎

はじめに

▶僕の原点

　現在「コトPOP」を生業としている僕ですが、じつは高校生のころからアルバイトでPOPを書いていました。当時は完全に体育会系の野球少年でしたが、ちょっとだけ手先が器用で「ものづくり」にも興味があったのです。

　本格的にPOPの仕事をはじめたのは、20代になってからです。それから今日にいたるまで、ずっと心がけていることがあります。それは、

お客さまの立場に立ってPOPをつくる

　ということ。なぜかと言えば、お店の都合やメーカーの立場から一方的な主張でPOPを書いても決して商品は売れないということを、**現場の体験からさんざん学んだからです。**

　それまで主流だったのは、**商品の機能や特徴を伝えるだけのPOP**でした（これを本書では「**モノPOP**」と言います）。これとはちがって、本書で紹介する**コトPOP**は、お客さまにとってその商品が**どんなメリットを生むか**ということを、

あなた自身の価値観と言葉で訴求するPOP

　です。そのコトPOPがどういうものか、具体例についてはあ

とでゆっくり述べるとして、そういう「あなた発」のコトPOP
を読むことで、お客さまは必ず反応してくれます。
「ふ～ん、知らなかった！」「へぇ～、そうなんだ！」とか、
「うんうん、そうそう！」「なるほどね～！」などと言いながら、
しだいに商品に興味が湧きはじめ、自分が飲んだり食べたり、あ
るいは使ったり眺めたりしているときの**楽しそうな姿が容易に
想像できるようになる**のです。

　だから「コトPOPがなにか」をひとことで言えば、単純に**読
んで楽しくなるPOP**ということになるでしょう。

▶好循環が生まれる仕組み

　ここで、読んで楽しくなるコトPOPがもたらす「プラス効果
の流れ」についてまとめておきます。

　コトPOPを見たり読んだりすると、まず、

①**「商品に対する期待感」**が生まれます。すると、

②**「買いたい！」**という気持ちがむくむくと湧いてきて、

③**「買う」**という行動を促し、実際にそうさせます。そして、

④ **お店の売上げがアップする**……と、こういう仕組みです。

　ここで重要なのは、**楽しくなるのは読んだ人だけではない**と
いうことです。**コトPOPを書いた本人**もまた「いいね！」など
と周囲に褒められたり「やるじゃん！」と認められたりして楽し
くなる。だから、ついついまた、

⑤コトPOPを書く。

　このようにして、**売上げがアップする → 褒められる → ま
た書く**……という、**やる気の循環が起こる**というわけです。

▶好事魔多し

ところが、好事魔多し。一部のスーパーマーケットで実績を残しだした「コトPOP」という言葉（とコンセプト）は、その後、僕の想像をはるかに超えるスピードで勝手に走り出しました。

どの販売現場でも、売上げがすぐに上がる便利な販促ツールであれば、**のどから手が出るほど欲しい**もの。期待感がただよう新しい言葉にみんなが飛びついたのです。

その結果「コトPOP」は、全国のアチコチでさまざまに解釈され、モノPOPとコトPOPのちがいがウヤムヤのままつくられた売場では、思ったほど訴求効果が高まらず、コトPOPの取り組みそのものをやめてしまったお店もありました。

「コトPOP」という提案をはじめた者として正直、危機感が募りました。このままでは「コトPOP」が誤解の中で消えてしまう。なんとかしなくては……。

そこで僕は、販売に関わるすべての人に**コトPOPの正しい考え方やつくり方を伝えたい**と強く思ったのです。このようなきさつで僕の中の使命感のようなものが芽生えたこと、この転機は、いわば僕の第三の原点と呼ぶべきものでした。

▶ふたたび僕の原点

では「第一、第二の原点」はいつか。時計の針をふたたび半世紀ほど前にもどします（もう少し「僕とPOPの出会い」についての話をつづけますので、どうかご辛抱ください）。

それは、忘れもしない高校の入学式の日。クラス分けされて教室に入り、指定された席に着いたときのこと。前に座っていた女の子がいきなり後ろに振り向いて「私、こういう者です」と

名刺をくれたのです。高校生なのに、いきなり名刺かよ……と、ちょっと怪訝に思いながらも見てみると、その名刺は**それまでの名刺とはイメージのまったくちがうもの**でした。

あとで知ったことですが、クリーム色の「ミューズコットン」という厚手の紙に、これもあとで知った名前ですが「ラウンドペン」というペン先に墨汁をつけて書くペンを使って、住所と名前だけを手書きした、かなりシンプルなものでした。

やれ、個人情報だなんだと騒がしい現在からは考えられない話ですが、そんなことより15歳の山口少年は、新聞や雑誌でよく見る明朝体とも習字の筆文字や教科書の字ともちがう、これまで見たことのない可愛らしく個性的な丸い文字に、**ズシン! と来るような強いショック**を受けたのでした。

あとから聞いたところによると、その名刺を書いたのは名刺をくれた同級生のお姉さんだったそうで、そのお姉さんはなんと、**日本で最初のPOPライターといわれている人**だったのですから世の中、不思議なものです。

とかく影響されやすい僕は翌日には行動に移しました。ミューズコットンとラウンドペンと墨汁を専門店に買いに行き、さっそくその手書き文字をまねて文字を書いていました。

はじめは全然うまく書けなかったのですが、とにかくその作業がとてもおもしろい! そして「これが職業として成り立つなら楽しいな」と書きながら、ふと思ったのです。これがPOP職人＆コンサルタントへ向かう我が人生の第一の原点でした。

▶**待ってました!**

その後、社会人になった僕は、レコード・楽器・スポーツ・書

籍を扱う某チェーン店に就職しました。最初の配属はスポーツ用品の販売です。

　ある日、上司に「POPは書けるか？」と聞かれました。「待ってました！」とばかりに書き上げ、周囲から「うまい!!」と褒められて有頂天になっていましたが、残念ながら僕の書いたPOPでは商品の売上げは思うようには伸びませんでした。

　なぜか？　理由は簡単!!!　そのときに書いていたのは、ただのプライスカード。商品名と価格という**商品情報だけのモノPOP**だったのです。

　日々販売や接客にたずさわっている方ならよくおわかりでしょうが、お客さまはいつもたくさんの質問を投げかけてきます。

　僕が販売していたスポーツ用品の中には、パッと見では用途や機能がわからない商品がたくさんあり、お客さまから毎日のように「これ、新商品？　いままでのと、なにがちがうの？」とか、「これとあれ、どっちのほうが売れてるの？」などと聞かれました。そこで僕は、お客さまがいつも質問される内容を書き留めるようにしました。すると、質問の傾向がわかってきたのです。

　お客さまの質問はいつも、この2つ。

　① **困っているコト、悩んでいるコト**がある
　② **自分にとってメリットにつながるコト**を知りたい

　このことに気づいてから、僕のPOP制作は大きく方向転換します。すなわち、
　**お客さまの日々の暮らしに「役立つコト」や、
　お客さまが「困っているコト」「悩んでいるコト」、
　それらを「解決するコト」を書く。**

すると、なんともおもしろいように商品が売れはじめたのです。

　自分の書いたPOPで商品が売れていく。販売者としてこれほど楽しいことはありません。

　結果的に、当時の僕が意識せずに書いていたそのときのPOPが、のちのち命名することになる「コトPOP」の原点だったわけです。今思えば、これこそが「僕の第二の原点」でした。

▶成功体験を皆さんにも

　以上「コトPOPの伝道師」としてのわがライフヒストリーを高１の春から駆け足で振り返ってみましたが、ここ数十年、僕が抱きつづける思いは寸分たりとも変わっていません。すなわち、
「自分がつくったコトPOPで売上げが上がる体験を皆さんにも共有してもらいたい」であり、
「売場における共感の連鎖がお店の繁盛につながる体験を肌身で感じてほしい」ということです。

　そして、これらがまた本書執筆の直接の動機でもありました。

　それこそ、**あなたのお店の明日はあなたがつくるコトPOPにかかっている**と言っても、決して過言ではないのです。

　とは言え、まずは肩ひじ張らずに、力を抜いていきましょう。本書でも繰り返していますが、大事なのは「自分らしさ」です。なぜなら、**コトPOPのヒントは日常生活の中に潜んでいる**からです。この本がその発見のお手伝いになると確信しています。

　　　　2020年11月　　　　　コトPOPマーケティング コンサルタント

　　　　　　　　　　　　　　　　　　　　　山口 茂

売場には
なくてはならぬコトPOP

第6章 「ちょろこ流」コトPOPができるまで *107*

目からウロコ!!!「もう一人の自分」を生み出す達人たち

第**7**章

151

第 1 章

モノ消費から
コト消費へ

◆ もう一人の自分の誕生

1960年代、お客さまが自ら売場の商品をピックアップしてレジへ運ぶ「セルフサービス方式」の**スーパーマーケット**とともに、POP[※]と呼ばれるものがアメリカから日本へとやってきました。すなわちPOPは日本に上陸した当初から、効率化によって削減された店員に代わって**売場で商品情報をお客さまに伝える役割**を担っていました。

これが「**POPはもう一人の販売員**」といわれるゆえん。

もっとも、このころのPOPは、主に商品（モノ）の名前や価格、機能、特徴など、スペック中心に書かれた**モノPOP**でした。ところが、現在のお客さまは当時とはちがっています。みんなと同じモノを持ち、みんなと同じコトをするというのでは決して満足せず、**生活の中で自分自身の価値観を楽しむ**というスタイルが出来上がっています。こうして必然的に、多様な**価値観を伝える「コトPOP」**が生まれることになったのです。

ここで、僕が考えるコトPOPのイメージをまとめておきます。

それはすなわち、スタッフである**あなたがいないところで****お客さま**を出迎え、笑顔で挨拶や応対をし、商品説明の合間に**ちょこっとおもしろいこと**を言ってお客さまをクスッと笑わせながら、お客さまの商品に対する興味・関心・理解を深める、言わば**もう一人の自分**です。いま述べた役割を分解すると、

☐お客さまを出迎え、笑顔で挨拶

☐お客さまをクスッと笑わせる

☐商品説明でお客さまの興味・関心・理解を深める

※「購買時点広告」のこと。POP は point-of-purchase（購買時点）の略。買い手の購買意欲をかきたてるため、売り手が店の入口や店内の売場などに展開する案内広告やディスプレーなどのこと。

ざっと見積もっても「一人3役」です。そんなマルチなタスクを、まさに黙々とこなしてくれるのが「コトPOP」なのです。

　そんな売場の強い味方をつくるためのハウツーならば、誰もが知りたいところでしょう。けれどもコトPOPは、書く人が100人いたなら、書く人と同じ個性を持った「もう一人の自分」がそのまま100人も誕生してしまいます。だから、もともと数学のような唯一無二の正解がないのです！

　僕は悩みました。「僕の考える**もう一人の自分の生み出し方**をどうしたら研修参加者の人すべてに伝えられるのか」と。

　そして、ついに行き着いたのが、

「コトPOPのつくり方は自由だ！」

　ということ。開き直り、あるいは放任主義にも聞こえるかもしれませんが、この場合の「自由」とは**自分が思ったコトや感じたコトを、型にはめずに好きにつくればいい**ということです。

　そして悩んだ末に導き出した「僕がすべきこと」はシンプルでした。すなわち「こうしなければならない」と上から教えるのではなく、コトPOPづくりの**切り口**や**訴求力の上げ方のポイント**をできるだけたくさん伝えることなのだと気づいたのです。

　ただひとつの答えなどそもそもなく、あくまで**ヒント**だったり、**きっかけ**だったり、それらをできるだけ多く提供すること。

　そこで本書でもコトPOP成功事例を紹介しながら制作者にスポットを当てて紹介しています（第7章）。登場する彼や彼女は自らその切り口を探し、試行錯誤を繰り返しながらコトPOPをつくってきた人たちです。今までのやり方を否定したり変化させたり進化させたりと常に創意工夫を重ねています。

売場も売る人も千差万別です。そこには決まった型なんて存在しません。

　考えてもみてください。あなたがお店に行ったとき、無個性でワンパターンのPOPがならんでいたら……。たとえキレイに書かれているからといって、その商品を買いたくなりますか？

　買わないですよね！　僕も買いません！

　つまり、大事なのは見た目のキレイさではない!!　そうです。お客さまはPOPのコピーを読み、その**メッセージに心を動かされて商品を買う**のです。だから、**お客さまに「なにを伝えるか」がとても大事!!!**　お客さまの心をギュギュッとつかむことがコトPOP制作の大きなキーポイントなのです。

◆ 「モノ」ではなく「コト」を売ろう！

　今はとてつもなく情報があふれている時代です。しかも、お客さまの商品知識も豊富ですし、ネットで最安値を調べてから商品を買うこともできます。その結果、当たり前ですが、お客さまが財布のヒモを簡単にはゆるめてくれない時代になりました。

　そのうえ、もし売場にコトPOPがなかったら、どうか。「いつものでいいや」「今日はこれが安いからこれでいいや」といった前向きでない残念な状態になり、購買意欲どころか新しい商品へのトライアルも生まれてこないでしょう。

　お客さまの「買う／買わない」は、お客さまにとってメリットとなる**お役立ち情報があるか／ないか**がすべてなのです。たとえば今でも見かけますが、メーカー側のつくったコトPOPがきちんと付いているにもかかわらず、思ったほどお客さまが購入されていないことがあります。それはなぜか、わかりますか。

なにごとも他山の石、すなわち反面教師になるので、よく観察してみましょう。POPの内容が商品の自慢話でいっぱい！ なんてことになっていませんか。

　自社商品がかわいいのは親ゴコロ、それが空回りするのは仕方ないかもしれませんが、商品のすぐ隣に付けるPOPなのに自社のロゴマークもドドーンと入っている！ なんてこともしばしば。こんな**独りよがりPOP**が伝えたい相手はお客さまではなく、むしろ同じ売場に並ぶ競合他社なのかも……とさえ思えてきます。

　言ってみれば、**お互いが陣地を取り合って言い争いをしているだけ**。これではお客さまの「買いたい！」という感情を引き出すことはできません。

　僕がいつもどおり売場めぐりをしていた、ある日のこと。トマト加工製品で有名な**カゴメ**の「コトPOP」に目がくぎ付けになりました。そのコトPOPは、主婦でもあった**マーチャンダイザー**（売場をつくる人）の女性によるもので、自身の体験をもとに書いたそうです。このコトPOPを売場に付けたところ、商品販売数はたちまちプラスの異常値をたたき出したとのこと。

　問題は、なぜ多くのお客さまがそのコトPOPを見て商品の購入を決めたのかですが、それは、そのコトPOPに書かれている内容から《簡単に手早くおいしい夕食をつくることができそうだ》という**購入後のメリットに多くの人が期待感を持ったから**でした。

　カゴメでは、スーパーマーケットに出向く**マネキン**さん（試食のデモンストレーター）の一部にリサーチマネキンとして「商品を紹介しながら、お客さまの声を拾ってくれ！」という指示を出していたそうです。

　これは、お客さまの生の声を商品開発やマーケティングに反映

「今夜のおかず」に迷っている主婦は多い。そこで「コレにきまり!!」
というコピーが背中を押して購入へとつなげる。

し、コトPOPを制作するためでもありました。

　お客さまの気持ちを動かすには、試食・試飲や店員の接客の工夫など、方法はいろいろありますが、**言葉で伝えるコトPOPも同等の大きな役割を果たす**ということを、これは示しているのです。

　もちろん、メーカーPOPがすべて悪いと言っているのではありません。コトPOP制作時には自社の立場からコピーを考えるのではなく、**お客さまの立場に立ってコピーを考えましょう**ということ。大事なので何度も言いますが、コトPOPにお客さまが求めていることは、商品の機能や特徴など「モノ」に関する情報だけではなく、それらプラス**「お客さまのメリット」**です。

つまり、その商品を買うことで**お客さまは生活の中でどんな体験ができるのか**ということを知りたいのです。

　たとえばスマートフォンは機能や特徴がいっぱい詰まった商品ですが、その特徴のひとつである防水機能をただ伝えるだけではお客さまの心は動かず、購入の決断にはいたりません。そこでもう一歩ふみこんで**防水だからなにができるのか**を伝えなければその価値は伝わらないのです。たとえば、

□雨の日の外仕事でも安心して電話ができる

□キッチンで、ぬれた手で子供からの電話にすぐ出られる

□お風呂の中でもメールチェックができる（それだけでなく、テレビや映画、ネットショッピング、読書もできることから「半身浴を楽しむ女性」にターゲットを絞り提案する、という選択肢も出てきます）

　このように、コトPOPをつくるときには**「お客さまのメリッ**

トを考えるクセをつけること」がとても大切です。

◆ たったひとつの決まりごと 「POPの基本原則」

　このあと第2章では、コトPOPについての知識と理解を深めていこう！　という本題に向かうわけですが、その前に、決まりごとのほとんどないコトPOPの中で、これだけはぜひ守ってほしい「POPの基本原則」について説明しようと思います。

　「POPの基本原則」とはPOPを、

「①必要な場所に、②必要な情報を、③見やすく読みやすい文字で、④タイムリーに表示する」

　というもので、POP効果を最大化する重要なルールです。

　どんなに楽しいコピーや美しい仕上がりでも、この原則を無視していては、お客さまの目や心にPOPがしっかりと届きません。

　では、それぞれ具体的に見ていきましょう。

① 必要な場所に

　一般に「POPとは売場にならぶ商品に付けるもの」という認識があります。ところが店内にはPOPを必要としている場所が、その商品のそば以外にも多く存在します。

　それは、①入り口付近、②レジ前、③エレベーターの中、④試食・試飲コーナーなど、お客さまが目を留めるような場所であれば、すべて絶好のPOP訴求地点です。これら**POPの一等地**を利用しない手はありません。

　POPを付ける場所に合った大きさ、取り付け方に注意を払っ

て、お客さまの目線をくまなくゲットしましょう！

② 必要な情報を

　お客さまがPOPから得たいと思っている情報とは、お客さまにとって**「価値がわかる」「役に立つ」「ワクワクする」**などというメリットのある情報です。そこで、売る側の「売らんかな」のアプローチではなく、お客さまの立場に立った発想でお客さまのメリットを具体的に伝えることが大切です。

③ 見やすく読みやすい文字で

　手書きPOPでもパソコンPOPでもお客さまにPOPコピーを最後まですべて読んでいただくことが大前提です。手書きの場合、勢いのある文字の躍動感も重要ですが、決して**なぐり書きをしない**ということ。なぐり書きの文字からは「おもてなし」の心がお客さまに伝わることはありません。

　とはいえ、必要以上にかしこまってバカ丁寧に書こうとしなくても大丈夫！　ペンやマーカーで書くときのポイントは、**文字の最後をはねず、流さず、しっかりと止めること**。たったこれだけで、見やすく読みやすい文字を書けるようになります。

　パソコンの場合、さまざまな機能があるがゆえに、どうしても文字のベースに模様を入れたり、飾り文字を多用したりと手を入れすぎてしまうことが多いようです。まず「主役」である文字を引き立てることを第一に考え、掲出する前には文字の見やすさや読みやすさを最終確認しましょう。

　今後ますます増加の一途であるシニア層のお客さまにとっての

見やすさや読みやすさにも十分な配慮と工夫をお忘れなく。

④ タイムリーに表示する

　商品が入荷したら、すぐに陳列する。これは「当たり前のこと」としてどのお店も実行します。しかし同時に、

「(POPを)必要としている商品にPOPをすぐに付ける」

　ということを「当たり前のこと」として実施している店舗が少ないままなのだとしたら、それはとても残念なことです。

　売場には商品のことを知りたがっているお客さまが、常にたくさんいます。にもかかわらず「商品を陳列したらPOPをすぐ付ける」ということが日常業務のひとつとして現場に根付いていないとしたら、**もったいない！** のひとことです。

　商品の陳列と同時にPOPを付ける。それができないのだとしたら、それは意識の問題なのかもしれません。マーカー１本、あるいは筆ペン１本で、当たり前のこととしてPOPを反射的にザクッと書いて、ほぼ時間差なく取り付ける。あとから納得いくものをつくり直すとしても、とにかくすぐに付けて、**お客さまの買うチャンスを逃さない**ことが大切です。

　この基本原則はコトPOPの他にも、モノPOPを含むすべてのPOPに共通するものです。

　店舗でPOPを展開するときにはこの基本原則をふまえ、POPの効果をMAXにまで押し上げましょう！

第**2**章

お客さま心理って
なんだ?

◆新しい発見がないお店からは、お客さまがどんどん離れていく

　いくら売場にコトPOPを付けても、お客さまの求めているコトを書かなければ効果は生まれません。まず意識して、コトPOPでメッセージを伝える**お客さまの気持ち**を理解するように心がけましょう。

　いつもは売る側であっても、買い物をすれば僕たちも「お客さま」になります。「売りたい」のであれば、売る側の立場ではなく、**自分がお客さまになったときの気持ちを思い出して考えればよい**ということです。

　ところが、これが案外と難しい。

　以前、僕は外資系飲料メーカーのプロジェクトの一環として、スーパーマーケットで買い物を済ませたお客さまに対する出口調査を行っていたことがあります。

　アンケートの数ある質問の中のラストは「**このお店で感じたことをひとつ挙げてください**」という項目でした。

　一方、店長には「**このお店の自慢できるところはなにか？**」を聞き取ります。両者の答えが一致していれば「相思相愛」で、そのお店はお客さまの気持ちがつかめていることになります。

　ところが残念なことに、ほとんどのお店で両者の答えが一致することはなかったのです。たとえば、あるスーパーマーケットの店長の自慢は「ウチは漁港が近いので魚が新鮮なこと」でした。これに対し、お客さまのアンケートに出てくるのは「駐車場から出にくい」だったり「カートを押して売場を歩くとき、通路に邪魔なものが多い」「商品がただならべてあるだけで、調理の仕方が書いてないので、よくわからない」……と、かなり手厳しいこ

とばかり。このスーパーマーケットの店長は、お客さま心理を理解していなかったということになります。

　この種の調査の場合、往々にしてお客さまは**あまり褒めてはくれない**ものですが、それにしても大きな食いちがいです。店長は魚の新鮮さが集客につながっていると思っていても、お客さまの注目ポイントはまったく別のところにありました。

　この事例が示しているのは、

①お客さまにとって**商品や品揃えのよさは、もはや当たり前**のことになっている

②毎日のように通っている売場は**見慣れていて新しい発見がない**ため、注目度と楽しさが圧倒的に弱くなっている

という事実でした。このままでは売上げが上がらず、お客さま

がどんどんお店から離れていってしまいます。

◆ お客さまはいつも
こんなふうに買っている

　先ほどの出口調査の結果から、お客さまは**「9つの買い方」を
している**ということがわかりました。コトPOPを書く前に真っ
先に理解してほしいのが、この**お客さま心理**です。

①「価格」で買う

　同じような商品があるなら、比較して**価格のより安いほうを
買う**ということ。

　チラシが入ると「今日、お肉はＡ店が安い」「お魚はＢ店が安
い」と見比べて、ちょっと遠くても価格の安いお店で買い物をす
るお客さまが結構たくさんいます。また、その日の価格が安けれ
ば、当面のあいだ使う予定がなくても、日持ちがするものや保管
に場所を取らないものならば「今すぐは使わないけれど買いだめ
しておこう」という気持ちも起こります。

　このようなとき、お客さまは明らかに「価格主導」で動いてい
ます。

　ところで、よく「チラシ特売」という言葉を使いますが、お客
さまはチラシの特売品をお店に来るまで覚えているでしょうか？

　意外と覚えていないのではないかと思います（たまにチラシを見
ながら買い物している方を見かけますが、少数派でしょう）。

　そもそも新聞などの折込みチラシは、お金もかかります。なら
ば、**店内の「POP特売」に、もっと力を入れるほうが得策**では

ないでしょうか。お客さまは**来店してから買う物を決めている場合が多い**のですから。

②「オマケが欲しくて」買う

オマケ付きの商品につい手が出ることがあります。いつもA社のアルコール飲料や清涼飲料水を頻繁に購入する人が、B社の商品に、ちょっとしたオマケが付いているのを発見すれば、

「今日はB社のほうにしようかな」

というような浮気心を起こしてくれるかもしれません。

しかし、ここで忘れてならないことは、オマケ付きの期間だけB社商品を購入するお客さまは、じつはA社かB社かといったブランドで商品を選んではいない可能性があるということ。

オマケに販促費を投下したB社は、期間中の売上げが確かに

アップします。けれども、その結果として**そのブランドに力が付くということは、そうそうありません。**

　オマケは注目度が高く、付いている商品は付いていない商品より売上げが上がるのは当たり前。では、お店はなにもしなくてもよいのでしょうか？

　いいえ、ちがいます。コトPOPを付けるのです。すると、なにもしなくても売れる商品の売上げを、さらに大きく伸ばすことができます。

　具体的には、**オマケが欲しくなってしまうようなしかけ**として、その**オマケの使い方を提案**するのです。たとえば、

「コレクションして飾ろう！　めざせ全種類制覇」
「携帯やバッグに付けるアクセサリー感覚で楽しむ」
「実用的な小物入れとしても重宝しますよ」

　などと具体的な**提案型訴求**をするのです。さらにおすすめしたいのが、包装されているオマケを開けて**外に出して「見本」として見せる**こと。実物のオマケを見せることで、お客さまの買いたい気持ちをより高めることができます。

　それに加えて**「めっちゃカワイイから私も思わず買っちゃいました！」**というような**店員自らの体験談コトPOP**を付けるなどして、**注目度のさらなるアップ**をねらいましょう。

③ キャンペーンにつられて買う

　お店独自のもの、メーカー主催のものと、いろいろなキャンペーンがお店では展開されます。キャンペーンの目的は3つ。

「①集客のため」「②売上げを上げるため」、そして一番大切なのは「③お客さまを飽きさせないため」です。

人はとても飽きやすい生き物です。長いあいだ同じ商品を食べ続けたり使い続けたりしていると、新鮮味が失われ注目度が落ちる「慣れ」の状態になり、購買意欲が低下してしまうのです。

マンネリズムは売場にとって大敵。お店も売場も、メーカーも営業マンも店員も、みんなでお客さまを飽きさせない工夫をするのが大切です。そこでキャンペーンを展開すれば、新商品でなくてもお客さまはフレッシュ感やお得感を感じ、さらにお祭り気分のワクワク感が商品購入の後押しをしてくれます。

キャンペーンではコトPOPを最大限活用し、お客さまの「応募したい！」「当てたい！」という参加意欲をかき立てましょう。

一般的にトータルで見て、**キャンペーンの応募率は男性より**
も女性のほうが高い傾向にあります。もちろん女性のほうが
スーパーマーケットでの購買率が高いためもあるでしょうが、も
ともと女性は細かい物を集めるのが得意なようです。実際「応募
シールを冷蔵庫に貼って忘れないようにしている」という女性の
声も聞きます。外出ついでにシールを手に入れた場合は、手帳や
財布、手鏡やスマートフォンなど、いつも持ち歩いている小物に
とりあえず貼っておく女性もいます。

　そこまでして集めたシールも、**応募用の台紙**がなければ半永
久的に役立つことはありません。そこで、ひと工夫。

　シールを集めて応募するキャンペーンならば、応募用の台紙を
お客さまの**目につく場所**、お客さまが**手に取りやすい場所**に置
いて、そこにコトPOPを付けるのです。そうして注目度を上げ、
お客さまの**取り忘れがないように注意を促す**わけです。

　応募用の台紙があればこそ、お客さまの中でキャンペーンがス
タートを切るのです。そして、応募締め切りが迫った際には、

「締め切り日は○月×日」

と、具体的な日にちを書いて掲示し、家で忘れられているかも
しれないシールの存在をお客さまに気づかせます。

　たとえば、具体的に、

「冷蔵庫に貼ったまま、お忘れの
応募シールはありませんか?」

と書いてもいいでしょう。さらに、キャンペーン終了後には、

「たくさんのご応募、ありがとうございました」

というお礼POPでお客さまに感謝の気持ちを伝えるのもコトPOPの役割です。

ポイントは「たくさんの」という言葉。キャンペーンがいかに大盛況だったかを、この「たくさんの」というひとことでアピールできます。

④「内容を見て」買う

来店されたお客さまの行動をよく観察してみましょう。

売場の前で立ち止まり、じっと考えている方。

商品を手に取ってしばらくコトPOPのコピーを読んでから、棚に戻したけれど、なかなか立ち去らない方。

いろいろなお客さまを見かけます。

多くのお客さまにとって、自分の「納得」こそが最重要項目。きっとあなたも同じでしょうが、時間がゆるすならば、たいてい長い時間をかけて商品の内容を吟味し、購入を決断しているはず。このことを理解しましょう。

特に健康に関心が高まる中にあって、**機能性商品を販売する**

場合は、できるだけわかりやすくコトPOPで説明することが大切です。

　たとえば、今はやりのオルニチン※。二枚貝の蜆（しじみ）に多く含まれることに加え、肝臓にいいらしいことや、二日酔いにも効くらしいこと、こういった情報は、店員はもちろん多くのお客さまもすでにお持ちのはずです。

　ところが、いざコトPOPとして書くとなると、

「うまく（かつ正しく）説明できる自信がない！」

　という店員の方も多いのではないでしょうか。

　このようにコトPOPで説明しようとする商品のことがよくわからなかったら、**メーカーのホームページなどで確認**したり、**自分で先んじて体験**したりして、**自分が理解し納得することが大切**です。

　一般に多くのお客さまは手書きのPOPに真実味を感じているようです。そんなお客さまの「まさかウソはないだろう」という思いを裏切ることは、売場だけでなく、お店に大きな打撃を与えることになります。くれぐれも**誤った表現、間違った表記を絶対しないように**最大限の注意を払いましょう。

※オルニチンはアミノ酸の一種で、肝臓の細胞内でアンモニア（人体に有害）が尿素（無害）に解毒・分解される際に重要な役割を演じ、この働きを「オルニチン回路（サイクル）」あるいは「尿素回路」と呼ぶのだとか。

⑤ 他人の評価（クチコミ）やイメージで買う

　多くのお客さまは購入した商品の評価を（よくも悪くも）家族や友人、職場や近所の知り合いなどに話したがるものです。この商品情報が、あちこちに枝分かれ、飛び火を繰り返しながら広がっていくのが**クチコミ**です。

　ネット社会に突入してからというもの、クチコミはあっというまに日本全国津々浦々、全世界の果てにまで広がるようになりました。特にSNS（ソーシャル・ネットワーキング・サービス）にはユーザーレビューが多数蓄積・共有されるため、お客さまの購買行動を左右するほどになっています（なかにはニセモノや成りすましもいますが）。これはつまり、お客さまはいつも、**商品を体験した人の率直な感想を探し求めている**ということです。

　そこでクチコミで高い評価を得ている商品は、**なぜ高評価なのか、その「理由」を必ず書いて伝える**ことが大切です。

理由を書くことで、クチコミで知った商品に対する期待感が裏付けられて、**お客さまの納得感**が高まります。

また、テレビや新聞、雑誌などに取り上げられた商品は、

「みんな買っている」「話題になっている」「大人気」

といったプラス・イメージの「理由」が付加されるため、お客さまは売場での比較検討なしで購入にふみきることがあります。こうした商品には、商品情報の出所である**媒体名や掲載日時**などを書いておくと、注目度、信用度がアップします。

店員の普段着の言葉で書かれたコトPOPのコピーは、それだけでお客さまに親近感を与えられます。自分の名前やニックネームを入れ、安心感と説得力アップにつなげていきましょう。

⑥「すすめられたから」買う

よく行くお気に入りのお店でも、初めて入るお店でも、店員からすすめられるとその商品を買ってしまうというお客さまは多いもの。特に、**自分より専門知識がある人からのレコメンド**（おすすめ）の言葉は信頼感が高くなります。親切で丁寧な接客とともに、たとえば次のようなおすすめがあったらどうでしょう。

▶鮮魚売場で……「この鰤、塩焼きもいいけど、今日は脂のってるから煮付けもいいよ！ 僕なら迷わず煮付けにするね」

▶青果売場で……「このレンコン、皮むきもアク抜きもいらないよ。天ぷらにすると、お菓子みたいな食感なんだ！」

▶文具売場で……「このボールペン、書き味が滑^{なめ}らかなので愛用者が多いんですよ！ 筆圧が強い私も使ってます」

▶薬品売場で……「大事な試験のときの急な腹痛に、水なしで飲めるコチラがおすすめです」

　こういった具体的なアドバイスがあれば、お客さまは迷わず購入にふみきるはずです。
　とはいえ、お客さまは、来店したときにいつも店員と会話しながら商品を選択できるわけではありません。そこで店員の代わりに**買うときの手助けや、買った後の体験を伝えるコトPOPが必要**なのです。

⑦「新発売だから」買う

新発売の商品は、お客さまの今まで出会ったことのない商品への期待感や「試してみたい」というトライアル気分を大いに刺激します。新商品に対するお客さまの買い方には大きく分けて、

①新発売の情報をインターネットや新聞でキャッチしていて、来店前から購入を決めている

②売場のディスプレイやPOPなどで商品に気づき、好奇心から衝動買いをする

という2パターンがあります。そして、いずれの買い方であったにしろ、新商品を購入したお客さまは、なるべく早く誰かにそのことを話したいとウズウズしているということでは共通です。

すなわち、新商品周辺はクチコミが誕生しやすいと言えるわけです。FacebookやInstagram、LINEに「新商品、買っちゃった！」などと商品写真をうれしげにアップする人も多くいます。新発売の商品を手に入れたこと、さらに食べたり使ってみたりした体験や感想を**いち早くみんなに伝えること**が購入動機そのものになるということもあるくらいです。

つまり、新発売の商品は、それ自体に訴求力があるのですが、売場ではまず**お客さまに気づいてもらうこと**、そして**名前を覚えてもらうことが大事**です。

そこで注目度を上げるために、コトPOPの用紙を大きくしたり形を変えたり、文字を大きく太くしたり、インパクトのある色を使うなど「初登場」感の演出をするのです。

コトPOPで**新商品を伝える場合は「どこが新しいのか」**、リニューアル商品の場合は「どこがどう変わったのか」と、その商品の魅力をしっかりと伝えることが重要です。

⑧「限定だから」買う

ひと口に「限定」商品と言っても「数量」限定なのか、あるいは「期間」や「季節」限定なのか、その他「時間」限定や「地域」限定、「小学生以下のお子さま」限定など多種多様です。

お客さまは、**そのときだけ、入荷してある数だけ**と言われる

と、にわかに**なくなってしまう**という**切迫感**に駆られます。

　また、そこだけでしか買うことのできない限定商品を手に入れることは、それだけで心がワクワクする**高揚感**をともなうものでもあります。

　しかし、このような「限定」商法は、よく目立つぶん、いつまでも商品が売れ残り、だらだらと長いあいだ陳列されているままでは、お客さまから逆に「売れない店！」というレッテルを貼られてしまうことにもなります。なにかにスポットライトをあてれば、そのぶん、ほかのところが陰になるのは仕方ないところですが、限定販売のあいだに他商品の鮮度や価値が下がってしまうことは避けたいものです。

　そこで、限定の商品は常に「なるべく早くの完売」をめざして**多場所展開で販売や告知をする**ことが必要です。

　さらに、どうして今、限定なのかといった限定販売の理由とともに、限定の数量や期間、たとえば「30個限定」とか「12月25日まで」などの**具体的な数値を大きく入れて**訴求してください。もし、毎年同じ限定商品が出るのであれば、

　「昨年もあっという間に完売した商品です！ お早めに!!」

と、**過去の実績告知で限定感をアップ**しましょう。

　さらに、季節限定のコトPOPは、季節感のある演出小物をプラスすることで、そのときどきの季節の気分を盛り上げ、お客さまの背中を押すことができます。

⑨「人気だから」買う

コトPOPで人気商品を訴求するときによく使う言葉として、

「大人気です!」 「売れてます!」 「売上げNo.1」

などがあります。お客さまはコトPOPに書かれた「人気」といった文字に対して、「この○○はみんなが買う人気商品だから」と、評判がよいことに期待感や安心感を持ちます。

さらに「今のトレンドに自分も乗っかりたい!」という心理が働けば、さほど迷うことなく購入に踏み切ります。

これらの言葉が入ることで注目度は高くなりますが、できればそこに「なぜ人気なのか」「なぜ売れているのか」「なぜ売上げNo.1になったのか」という具体的な理由が書かれていてほしいところです。それらの裏付けがあることで、お客さまの「本当に人気なの?」という不安感が解消されるからです。

売れるのには理由がある。コトPOPには必ず「理由」を書いて、お客さまが納得して購入できるようにしましょう。

◆ なんとなくじゃなく、ハッキリわかる
お客さま心理

ちょっと専門的になりますが、買い物におけるお客さまの心の動きを分析したものに、**AIDA**(アイダ)**の法則**というのがあります。これは、1898年にアメリカで販売員をしていたE.S.ルイス氏によって考案されたもの。そして、このAIDAから派生したのが**AIDMA**(アイドマ)**の法則**。さらに、広告という立場から考え

たAIDCA（アイドカ）**の法則**やAIDAS（アイダス）**の法則**も、そこから誕生しました。

AIDAの法則	AIDMAの法則	AIDCAの法則	AIDASの法則
Attention（注目）	Attention（注目）	Attention（注目）	Attention（注目）
Interest（興味・関心）	Interest（興味・関心）	Interest（興味・関心）	Interest（興味・関心）
Desire（欲求）	Desire（欲求）	Desire（欲求）	Desire（欲求）
	Memory（記憶）	**Conviction**（確信）	
Action（行動）	Action（行動）	Action（行動）	Action（行動）
			Satisfaction（満足）

感情の変化

AIDCAの法則　＜コトPOPバージョン＞	
Attention（注目）	お客さまがコトPOPに注目してその商品に**気づく**
Interest（興味・関心）	お客さまがコトPOPを読んでその商品に**興味・関心を持つ**
Desire（欲求）	お客さまがその商品のメリットを知って、その商品が**欲しくなる**
Comparison（比較）	お客さまがその商品と他の商品とを**比較する**
Action（行動）	お客さまが買うことを決断して**行動を起こす**

感情の変化

商品を購入したお客さま心理を分析すると、感情が変化していく様子がよくわかります。

多くの商品が売場にならび、多くの商品情報をお客さまが持つ今の時代、お客さまは売場や頭の中で必ず商品の比較をしてから購入を決断します。そこで僕は、

コンヴィクション
Conviction（確信）

を、同じ頭文字「C」で、

コンパリゾン
Comparison（比較）

にオリジナル変更をほどこし、AIDCAの法則を言わば「コトPOPバージョン」にして、わかりやすく発展させました（前ページ下段図を参照）。以下、個別具体的にみていきます。

① Attention（注目する）

お客さまが「これは絶対買わなくっちゃ！」と特定の商品をめざして脇目もふらずに来店したときは別として、それ以外の多くの場合、お客さまは売場で目の前の商品ばかりでなく、広い視野で売場を眺め、**自分にとってのメリットを探しています。**

そのとき、たまたま「おやっ、なんだろう？」「なんか気になる！」と思うような商品やコトPOPが目に入ったならば、売場でつい足が止まる、というわけです。

多くのメーカーの商品がならぶ売場では、コトPOPを付けた商品にお客さまの注目が真っ先に集まります。特に売りたい商品、

売らなければならない商品には必ずコトPOPを付け、注目度をアップさせましょう。

コトPOPでお客さまの注目を集めるためには、**コピーでお客さまの心をつかむ**のはもちろんのこと、**ビジュアル面での工夫も大切**です。

POP用紙のサイズやタイトルは、大きくすればするほど離れた場所からでも文字が読みやすくなるため、より広い範囲からお客さまを集めることができます。また、色や形を変えることで、いい意味で**周囲から浮いて差別化が図られ**、注目度も上がっていきます。お客さまの買い物は、**遠くからも目立つ大きさと色のパッと見**、ここがスタートになるというわけです。

② Interest（興味・関心を持つ）

　お客さまは「**価値がわかる**」「**役に立つ**」「**ワクワクする**」など、メリットと感じる情報が書かれていれば、必ず興味を持ってコトPOPを最後まで読みます。そして、その情報に共感し、購入への大きな一歩を踏み出してくれます。

　ここで大切なのは、**お客さまの期待感をいかにコトPOPでふくらませられるか**です。具体的には、お客さま自身が生活の中でその商品を利用、体験したときの、**ワクワクする瞬間をその場でイメージさせられるかどうか**です。

　たとえば、バレンタインデー翌日の、あるケーキ屋さんに掲出されたコトPOPには、

「遅れてゴメンネ」

　のひとことがタイトルになっていました。

　バレンタイン当日にプレゼントできなくて、ちょっぴり後悔している人たちに呼びかけ、

「たとえ1日遅れでも、

好きな人、大事な人にチョコレートを贈ると喜ばれますよ♡」

　という提案をして、お客さまの興味・関心を引き出していたの
です。

③ Desire（欲しくなる）

　お客さまが商品に対する「興味」を持つ時間が長くなるほど、
買いたい感情がどんどん引き出され、お客さまはより一層その商
品が欲しくなります。

　こうした時間はとても楽しいものです。

　しかし、それがすぐ「買う」という行動には直結しません。

　その前に、もうワンステップ、**「自分が使っている場面を想
像する」というプロセスが必要**になります。

　たとえば、店員自身の体験談です。

「あまりの旨さに、ご飯3杯おかわりしちゃいました！」

　という1行。おいしさの具体的な尺度のようなものが書かれて
いるため、わかりやすく、お客さまも自分がパクパクご飯を食べ
ておかわりまでしている姿を簡単に想像することができるのです。
これで売上げアップにつながりました。

　さらにタブレット端末ならば……。

　売場ではお客さまに「出張先で調べることが多いから」「受験
勉強に必要だから」「会社のプレゼンテーションのときに、なに
かと役立つから」「家族でゲームを楽しめるから」など、**具体**

的なシーンを想定し、コトPOPで訴求することが大切です。

　これがお客さまの「欲しい」を後押しします。

　ビジネスパーソン、学生、シニア世代、ファミリーなど**ター
ゲット層に合わせた利用シーンを提案し**、コトPOPで呼びかけ
ると効果的です。

④ Comparison（比較して選ぶ）

　「自分が使っているシーンが想像できた」「欲求が生まれた」
としても、すぐに購入を決断しないのは、お客さまが商品の情報
をたくさん持っているからです。

　「Aに決めようと思うけれど、これで本当にいいのかな。Bや

Cと比べてAのほうがお得かな」などと比較検討します。

　お客さまが他のものと比べるのは、**メリットを納得して買いたい**からです。どんなお客さまにも損をしたくない、失敗したくないという気持ちがあります。そして、どんなお客さまも納得して買った商品は、満足度がとても高いものです。

　競合品のない時代には、お客さまは**商品を比較・選択する**という発想があまりありませんでした。ところが、今は競合品があるのが当たり前の時代。いくつかの商品を比較し、ある程度悩んだり吟味したりしてから選択する。このようなプロセスが身にしみついているので、**品揃えが少なすぎると、お客さまはかえって商品を選べません。**

　もちろん、その逆の場合もあって、**競合の商品が極端に多す**

ぎても、お客さまはすぐには選べません。ただただ迷ってしまうからです。

　つまり、商品の種類が多くても少なくてもダメ。
「いくつか比べて、納得してから買いたい」といつも思っているお客さまのためには、ただ商品をならべるのではなく、**コトPOPで「お客さまのメリット」を訴え、ちがいをきちんと見せることが有効**になるのです。

⑤ Action（買うことを決断して行動を起こす）

　買う決断をしたなら、もうコトPOPは必要ない、と思われる方もいるかもしれませんが、**コトPOPには購入後の満足感を高める効果もある**のです。

　買った商品に対する理解を深めたり「買ってよかった！」という納得感を高める情報がコトPOPの中にたくさん書かれていれば、お客さまの満足度はぐっと高くなります。

　これから買ってくれそうな人はもちろん、**すでに買ってくれた人にも語りかけつづける**のが「もう一人の自分」コトPOPなのです。

●AIDCAの法則 <コトPOPバージョン>の決め手!

「注目」から「行動」までの**すべてのプロセス**の中で、コトPOPはお客さまと商品をつなぐことができます。すべてで使えるとはいえ、なかでも僕が最重要視しているのは、

Interest（興味・関心を持つ）

です。なぜなら、ここがAIDCA法則の中で、もっともコトPOPがお客さま心理に影響を与えることができるパートだからです。

コトPOPによってお客さまは商品に注目し、興味・関心を持ちます。そのとき、**いかにお客さまの共感する切り口で語りかけることができるか**が大きなポイントです。

コトPOPを考えるときには、**Interest**（興味・関心を持つ）をしっかりと意識しながらコピーを組み立てましょう。

　2020年はウィズコロナで「三密（密閉、密集、密接）」を避けることが当たり前になりました。今までのように店舗スタッフがお客さまに話しかけたり、お試しコーナーでお客さまが商品にふれて体験したりすることが難しくなってしまいました。

　とはいえ、お客さまが商品購入の際、いろいろな商品を比べ、その中から自分にとって**価値のある商品を見つけ出し、購入判断をくだす、という一連のプロセスに変わりはありません**。そうしなければ満足感のある買い物ができないからです。

　コロナ以前から、コトPOPは売場で、そこに店舗スタッフがいなくても、お客さまの購入動機となる商品情報を伝えつづけてきました。そして、**その役割は以前にも増して必要とされているの**です。たとえ店舗スタッフがロボットに替わったとしても、**人間の声が聞こえる手書きPOPは、お客さまに安心感や親近感を与える販促ツールとして活躍するでしょう。**

ただアルコール消毒液を置くだけでなく、コトPOPを付けることで注目度が格段にアップした。特にテスト間近の時期でもあり、健康面への配慮にも紐づけている。
カワムラ進学教室（静岡県）の入口のコトPOP

第3章

売場には
なくてはならぬ
コトPOP

◆ 消費者直結の売場で
CM以上の効果が狙えるコトPOP

　お客さまは多くの商品情報をテレビ・新聞・雑誌などいろいろな媒体から得ています。

　多くのメーカーはインターネット上にホームページを持ち、自社製品のこだわりのポイント、開発者の声、使い方やおいしい食べ方といった**お客さまに役立つ情報**を、それこそ24時間切れ目なく提供しつづけています。

　しかし、お店に買いに行くたびにホームページを見て検討する人は少なく、またテレビCMは印象度が高いものの、テレビ画面に次々と現れては消えるCMの内容すべてを、お客さまが記憶にとどめておくことも不可能です。

　ためしに、昨日見たテレビCMを３つ挙げてみてください。

　挙げられましたか？　結構あいまいでしょう？

　そう、人は忘れる生き物でもあるのです。

　それにテレビCMを打つなんて経費がかかりすぎてローカルスーパーや一般商店では難しいこと。

　では、なにをしたらいいのか？

　その答えは明解！　お客さまとの接点である売場に、**お客さまに直接訴えかけるコトPOPを付ければいいんです！**

　コトPOPは、売上げの最大効果を狙いながら経費がほとんどかからず、いつでも簡単に情報を更新できるというメリットがあります。勉強でもスポーツでも「振り返りと継続」こそが成績アップ、上達への唯一の方法ですよね。「振り返りと継続」を利用して、自分たちの「売りたいモノ」をお客さまに徐々に覚えて

いただき、そして興味を持って手に取っていただくために、コトPOPを売場に付けつづけて、伝えつづけることです。そこでもし「なんだか、お客さまの心にヒットしないな」と思ったら、迷わず書き直すこと。それが売上げに反映されます。

　消費者に直結した売場という最高の場所で、最大効果が狙えるコトPOPを使わない手はないのです。

◆ コトPOPが必要な7つの理由

① お客さまの 91.6%が、来店してから購入を決めているから

　これは一般社団法人日本プロモーショナル・マーケティング協会（旧・日本POP広告協会）の調査で挙がったデータです。「そうなんだ！」と驚かれたかもしれません。

　これは、お客さまは来店前に買う商品を決めていたとしても、多くは売場に来てから興味を持ったり、買う価値があると感じた商品があれば、**その場で予定を変更するケースがある**ということです。だからこそ、商品価値や生活提案というお客さまにとってのメリットを、コトPOPで伝えるのです。

　たとえば、今夜はハンバーグをつくろうと決めていたお客さまがキャベツ丸々ひと玉の陳列ケースに接近したときに、

「今が旬です。丸々１個買っても、今夜ロールキャベツ！
明日はホイコーローで使い切れちゃいます(^^)/
（青果担当：山口）」

と書いてあるのを見て、今夜のおかずをロールキャベツにメ

ニュー変更してしまうこと、ありえますよね。

　このように、**売りたい商品にお客さまを誘導し購入に結び付けるのは、コトPOPの得意分野です。**

　こうした提案を誰がするのか。それは、本社の販促担当者ではなくて、売場の人たちです。なぜなら「今日は暑いから」「午後から雨の予報だから」「学校の行事があるから」「地域のお祭りがあるから」などなど、**その日そのときにあわせて臨機応変に提案をしていくことができるのは売場の人たち**だから。そして、それが**もっとも有効**だからです。

　コトPOPは手書きでもパソコンでも、どちらでもいいのです。手段や、文字の上手・下手ではなく、お客さまにタイムリーな提案ができることが大事。

　ですから、店内にばかりいないで外に出て天気を見たり、暑さ・寒さを感じたり、お客さまの服装を観察したり、ときにはお

客さまに聞いてみたり……と、こんなアクティブな姿勢がとても大切です。

② お客さまの滞在時間と消費金額は比例しているから

　最初は買う気がなくても、お客さまは商品を長く観察したり、居心地のいい空間にいるあいだに、

「せっかくだから、なにも買わずに帰るのはもったいない」
→「いいものがあったら、買って帰りたい」
→「なんか、ないかな？」

　と気持ちが変わることがあります。とはいえ、スーパーマーケットなどへ食材や日用品を買いに行ったときには、なるべく早く買い物を済ませたいお客さまが大半でしょう。
　あるコンビニでは、売上げが落ちている店ほど、お客さまの滞在時間が短いという調査結果も出ています。
　つまり、目的の商品を買っただけで帰ってしまうお客さまが多いということです。
　コンビニは特に**目的買い**の傾向が強く、
「のどが渇いたからドリンクを買って行こう」とか
「夕食のデザートを買って帰ろう」という理由で来店されます。
　売る側の本音を言えば、お客さまには「もっともっと店内を回ってもらい、商品をいろいろ買っていただきたい」です。
　だから、**お店からの提案**が必要になる。
　お店に長く滞在していただくには、コトPOPでお客さまを目的の場所以外にも誘導して、ぐるぐる回っていただくだけでなく、

居心地のいい空間づくりも必須。それにはコトPOPの前にまず、クリンリネスがしっかりしていることが絶対条件。さらに日本人は季節を繊細に感じるので、季節感の演出も効果的です。

　季節限定商品はたくさんありますが、**お客さまは単に限定商品の「味」を楽しみにしている**だけでなく、そのときどきの**季節の気分**も楽しんでいます。

　お店全体で季節を感じられるような演出ができれば、滞在時間をより長くすることが可能です。そして、整理整頓が行き届いた買いやすい売場づくりもお忘れなく。

③ お客さまは買う理由がわからなければ買わないから

　お客さまは実際に目にしたり、手に取ったりした商品に対して一生懸命に「**買う理由**」を見つけようとしています。それが見

つかると**期待感がグワッと膨らみ**、それが買いたい気持ちに一気につながります。

　とかく、お店というのは、**売る理由**ばかりを考えてしまいがちです。売る理由とは「**安い**」「**おすすめ**」「**人気**」といった**売り方のグループ分け**です。

　ところが、お客さまの立場に立ってみると「だからナニ？」と返したくなる。つまり、それだけでは、その先に自分にとってどんなメリットがあるかがわからないのです。

　「お客さまのメリット」こそが、買う最大の理由！ 買う理由がわかれば、必ずお客さまは買ってくれるものです。

　たとえば、減塩の味噌。売る側の立場は「塩分を控えている人へおすすめです」となりますが、お客さまの立場からすると、「高血圧に悩んでいるけど、おいしいお味噌汁を飲みたい」から

買うわけです。こういったことが、お客さまの買う理由です。

　このようにコトPOPでお客さまの知りたい情報をしっかりと伝え、お客さまに買う理由を気づかせる、これもコトPOPの大きな役割です。

④ 女性のお客さまが購買決定権を握っているから

　家庭内においてほとんどの買い物の決定権を、主婦をはじめとした女性たちが握っています。

　いつから夫は家庭内の主導権がなくなったのか、よく言われるのは「給与が現金渡しから銀行振り込みに変わったとき」という説明ですが、この説明自体もはや「ひと昔前」という感じですね（なにしろ給料袋も見かけなくなって久しく、現金のやりとりも少なくなりました）。共働きも当たり前になって、やはり家計を預かるのは奥さん。その了解は絶対必要、発言権も当然大きくなります。

　そんなわけで買い物には奥さんの意向が強く反映されます。

　たとえば、車を買い換えるとき。奥さんと二人でディーラーに見に行ったとします。

　営業マンや営業レディは奥さんを説得することに力を注ぎます。奥さんにサービスのドリンクをすすめたり、帰り際にはご丁寧にも、ちょっとした手土産を渡したりしま

す。ご主人には見積もりとパンフレットを渡すだけで、ホッタラ
カシです（笑）。

　性差があまりなくなってきた現代ですが、それでも女性と男性
では**商品の気になるポイント**が異なるということが一般に言わ
れます。男性は車の機能やスペック、数字などを重視しますが、
女性に言わせるとスペックはさほど重要ではありません。女性が
重視するのは**色やデザイン、雰囲気などのイメージ**。「こっち
のここの色がカワイイ！」「こんなとこがピカピカ光って楽し
い！」などなど、女性は感情や感覚そのものが買う理由につなが
りやすいという特徴があり、しかも想像力が豊かですから、結果
的に感情に訴えるコトPOPがより効果的に伝わります。

⑤ 店長の代わりにコトPOP が「教育」してくれるから

　ヴィレッジヴァンガードのことが書かれた『菊地君の本屋』
（アルメディア刊）という本の中で、創業者の菊地敬一氏（きくち けいいち）は、

「グッズはPOPがなければ買わない。本もPOPが あるのと、ないのとでは売上げが２割ちがう」

と言っています。「なんだ、２割かぁ〜！」と言うなかれ。た
しかに、一つの商品だけ見れば「なんだ」かもしれませんが、全
体で２割ということは年間1000万円売る店なら200万円、１億
円の店なら2000万円伸びるということ。これってすごいことで
す。ということで、現場のリーダーこそ、コトPOPの効果と必
要性について深く理解してほしいと思います。

　また菊地氏は、

「POPを書くのは商品説明が面倒なだけじゃなく、
ぼくが入ってみたときPOPのある店が楽しいと思うから。
『流行ってる』っていう感じがする。
だから売場が活性化する」

「そして、POPを書けば書いた本人が商品を覚える。
POPを書いたら、その商品を大事にする。
なんとか売ってあげようっていう気持ちが出る。
それには楽しいPOPを書かないと面白くない」

「楽しく面白いPOPを書いたら褒められる。
褒められるとまた書く。その繰り返しで
人を育てているということになる」

とも言っています。

最近、商品のことを語れるスタッフがとても少なくなりました。これはどの業界にも共通する問題だと思います。誰もが知っている商品ならばまだよいのですが、スマートフォンやタブレット、電化製品などは誰かに説明をしてもらわないと、どれがいいのかわかりません。知りたいのは、たとえば、

「この商品とあの商品はなにがちがうのか？」

あるいは、

「価格の差はいったいどこからくるものなのか？」

「メーカーがちがう以外に、なにがどうちがうのか？」

質問したいことが山のようにあります。

冷蔵庫なら、野菜室が上にあるのか、下にあるのか。それぞれどんな特徴があって、より多くの人に支持されているのはどっち

のタイプか……など、カタログをイチイチ読まずに、お客さまは手っとり早く知りたいわけです（コロナ禍で対面接客しにくい時代ですが、やはりお客さまは店員との会話を心のどこかで期待しています）。

「この冷蔵庫、卵が15個入るので、残り少なくなったら1パック買って補充しておけます」

「この冷蔵庫、冷却力があるので温かいままでも入れられるのは忙しい主婦にとって楽チンでいいですよね」

　このような話ができれば、お客さまの頭の中に商品の情報がスッと入っていきます。

　ここで、こんな心の叫びが聞こえてきました。「そうはいっても、店員の教育にあまり時間をかけられない……」

　教育には時間もコストもかかるという事情もありますが、現代は放っておくと**お客さまのほうが知識を持って**しまう世の中です。「この店、店員の商品知識レベルが低いなあ」と思われた瞬間に、商品の魅力すら消え、お客さまはもうそのお店に足を運ばなくなるのです。価格の安さや品揃えはもちろん大切ですが、それ以上に店員の高い商品知識と、卵の例のような広い関連知識が必要なのです。

　逆に、商品のことをよく知っていれば、お客さまの立場に立ったいろいろな提案ができるということでもあります。

　話があちこちにとびますが、僕にはお気に入りの乾物屋さんがあります。

　ふつう専門店にいきなりポンと入って商品を見ても、どういう使い方をすればいいのかよくわからないものですが、その乾物店には**意外性のあるコトPOP**がたくさん付けられていて、たとえば袋詰めの切干大根の脇には、

「オリーブオイルであえてサラダ風にしてもおいしい」

　なんてユニークな食べ方提案がそえてあったりします。「あっ、こんなふうにしてもおいしく食べられるんだな」という気づきに後押しされて、その商品についつい手が伸びます。

　このような新たなトライアルによって自分の生活にも新たな風が舞い込む感じで、ひとたびこの新風の楽しみを知ると、なにも買う予定がなくても「ちょっと寄ってみようかな」という気持ちになるものです。

　商品はただ待っていても売れません。お店に足を踏み入れてもらったら、お客さまに楽しく買ってもらえる**しかけをつくること**が必要です。「どんなシーンで、どんなふうに使うのか」を理解していただくため、常に「伝える工夫」をしてみてください。

　コトPOPの最大の目的は「商品を売ること」であり、もっと言えば「完売させること」ですが、もうひとつ大切な目的があります。それは**店員のレベルアップ**です。

　　　　①お客さまに自分の言葉で伝える。

　　⇒②お客さまが楽しんで買い物をする。

　　⇒③お客さまが満足してまた来てくれる。

　　⇒④仕事が面白くなる。

　　⇒⑤また提案していく……。

「はじめに」でもふれた、こうした好循環を繰り返すことで、お客さまの立場に立てるプロフェッショナルな店員に成長していきます。そして前でも述べたように、コトPOPを**自分の言葉で書く**ために、その商品を体験することがとても重要です。店員がすべての商品を体験することは無理ですから、そこで必要となるの

が、**わからないことは興味をもって自分で調べる**という姿勢です。調べることで知識が蓄積され、接客にも自信が持てるようになるのです。僕がコトPOPを教育のために推奨している理由はここにあります。

⑥ お客さまの楽しい気分のため、店内に活気が必要だから

先ほどの乾物屋さんと僕の関係のように、お客さまは常に新しい発見を期待して来店します。コトPOPは、賑やかさや楽しさ、季節感などを演出できますから、期待感をふくらませて買いたい気持ちを高めることができます。また、コトPOPでボリューム感や店内の活気を演出することもできます。

お店によっては売場にプライスカードだけ、というところがあります。すっきりと整理整頓されたスタイリッシュな店づくりを

めざしているのかもしれません。でも、僕はお客さまが店に入っ
てきて、「わぁー！ なんだろ〜!!」とワクワクしたり、期待感
が感じられる、そういった演出が非常に大切だと思っています。

　商品がならんでいて、その棚に「テーマPOP」が付けてあっ
たなら、お客さまはその売場をひとつのコーナーだと認識します。
また、短冊型の長尺POPとコトPOPを連動させれば、強いイ
ンパクトや存在感と活気が出て、売場が楽しくなります。

　コトPOPをうまく活用すれば、商品以外の部分もボリューム
感や活気を演出できるのですから、さまざまなコトPOPを上手
に使ってほしいと思います。

　価格競争に巻き込まれていく店がたくさんある中、**価格以外の価値を訴求して勝ち残っている店**があります。

　東京都町田市にある「でんかのヤマグチ」です。地元のナショナル（現パナソニック）特約店として長いあいだ商売をしています。

　もう何年も前のことになりますが、同じ商圏内に続々と大型量販店が「でんかのヤマグチ」を取り囲むようにオープンしました。「こりゃもうダメだ！」と、最初は誰もが「でんかのヤマグチ」の先行きを心配しましたが、結果はなんと「でんかのヤマグチ」の**独り勝ち**。

　そして、その後、大型量販店は撤退していきました。

　なぜ、お客さまは「でんかのヤマグチ」を選んだのか。

　それは**圧倒的な「親切」**です。

郵送ちらしの封筒に大きく書かれた「トンデ行きます」。この言葉をモットーに、「親切」をなによりも大切にしている。だから、お客さまは安心して購入する。

商品購入を検討しているときはもちろん、それに限らず、なにか困ったことがあれば電話1本で、その日のうちにエリアスタッフが来てくれます。まさに、

「でんかのヤマグチはトンデ行きます」

このキャッチフレーズどおりの存在価値があったわけです。

お客さま向けに発信しているこの言葉、言わば「トンデ行きます」の精神は、全社員にも浸透させ、実行しているものでもあります。だからこそ、お客さまからも信用されることになります。

連絡があればトンデ行くのはもちろんですが、エリアスタッフは連絡がなくてもたまに顔を出してくれます。そして、そのときになにか困っていること、たとえば高いところの電球の交換やテレビ番組の録画の仕方など、なんでも解決していってくれる。なので、特に高齢者のご家庭では大助かりです。

これはひと昔前、酒屋さんなどで盛んに行われていた**「御用<ruby>聞<rt>き</rt></ruby>き」のスタイル**なのですが、**超高齢化社会に突入した今の日本にマッチした販促手段**と言えるでしょう。

「親切」よりも「安さ」を商品選びの第一条件にする人は、どの世代にもいますが、「でんかのヤマグチ」はエリアの中の「安さ」だけを購入時の判断材料にしない人たちにきっちりとターゲットを絞り、きめ細かく親切な営業を、たとえ巨人に攻め込まれようともブレずにやってきました。

先行きの不安な時代、小さなお店が生き残っていくためには、なにをすべきか。そのヒントがあるように思えます。

小さなお店が自ら価格競争の中に飛び込んで低価格を張り合うことは、ただでさえ軽量級であるお店の体力を消耗させてしまう

ばかりで賢明な選択とは言えません。価格ではなく、小さい身軽ならではの戦いをする。「でんかのヤマグチ」のように自社の価値を高め、お客さまに伝えつづけることが「地域密着」の小売店の最大の武器となります。

　さて、実際の商品を手に取って試したり確認したりできないにもかかわらず、インターネットで商品を購入するお客さまの数は右肩上がりで伸びつづけています。
　実店舗を持たないことで低価格を実現するネットショップは、小売店にとってはとても手ごわい相手です。

そもそもなぜ、お客さまはパソコンの中の商品写真だけで購入を決断するのでしょうか。その理由のひとつは、ユーザーレビューを読んで商品の価値を推し量ることができるからです。

　ネットのユーザーレビューはメーカーの自慢話ではありません。商品のよし悪しには個人差が出ますが、そこには商品を購入して使用した人たちの**隠れざる本音**があります。だから、お客さまはユーザーレビューを読んで判断しようとするのです（とはいっても、もちろんすべてを鵜呑みにするのは危険です）。

　実店舗で、ネットの**ユーザーレビューと同じ役割を果たすのがコトPOP**です。他店の低価格と戦うためには、**商品の価値を伝えつづけることが最大の武器となります。**

　よく言われることですが、ネットのユーザーレビューは玉石混交です。ネットのユーザーレビューを見慣れたお客さまの感情を揺さぶるためには、**商品を販売するプロとしての高い商品知識と広い関連知識**で、一般ユーザーの「感想」とはちがう一歩も二歩もふみこんだメッセージ、「このように商品を使えば、お客さまの生活がもっと豊かになります！」という具体的で前向きな生活シーンの提案をコトPOPで展開するのです。

　インパクトのあるコトPOPの刺激はお店を元気にし、お客さまを元気にします。そして「またこのお店に来て、いろいろなコトPOPを読みたい！」と思ったお客さまは必ず強力なリピーターとなってくれます。

　このようにコトPOPできちんと商品の価値を伝えることで、お客さまとの関係性の強化も図れるのです。

第 4 章

コトPOPって、
これだ!!!

コトPOPって ナニ?

　突然ですが、ここで問題です！　あなたはワイン専門店に入店しました。『カッシェロ・デル・ディアブロ　カベルネ・ソーヴィニヨン』というチリ産の赤ワインが棚にならんでいました。そこにどんなPOPが付いていたら、この商品を買いたいと思うでしょうか？

　A：爽やかな酸味を持つ果実味あふれるワイン。カシス、甘草、シナモン、丁子などのスパイシーな香り。生産地：チリ／ブドウ品種：カベルネ・ソーヴィニヨン100％

　B：135カ国で取り扱われ、世界中に100万人を超える愛飲家のいるこのワイン。チリ最高のカーヴ(蔵)で熟成した、芳醇な香りのまろやかな果実味は世界No.1ソムリエも世界のベスト12(フランスを除く)に選ぶほどの逸品です。実は「My Best 3」にもランクイン!!(ワイン担当・濱口&松岡)

　C：我が家では黒コショウをたっぷりかけた、チーズ多めのピザに合わせて飲んでいます！　白ワイン好きだったうちの奥さんを、いっぺんでとりこにしてしまったワインです。正直これには僕もびっくりしました！(店長・松澤)

　D：スペイン語で「悪魔の蔵」という名前の由来は、その昔あまりの美味しさに貯蔵中のワインの盗み飲みが絶えなかったため、創立者が"この蔵には悪魔が棲んでいる"という噂を流し、その美酒を守ったのだそうです。あなたもそんな伝説

の味を堪能してみませんか？（ワイン愛飲歴18年・スタッフ大山）

「はじめに」でも書きましたが、モノPOPとは商品名、価格、機能、特徴など商品情報を書いたPOPのこと。一方、コトPOPは、**「お客さまのメリットを3つのコトで伝えるPOP」**です。

「価値がわかるコト」
「役に立つコト」
「ワクワクするコト」

　この3つのコトを単独で、あるいは組み合わせてお客さまに伝えることで、お客さまの「買いたいという感情」が引き出されるという仕組みです。さて、あなたはどのPOPを選びましたか？

　Aは、商品の特徴や価格を伝えるモノPOP。こうした商品情報だけでは、お客さまに対するメッセージが一方通行で単なる業務連絡になってしまいます。

　Bは、お客さまに**「価値がわかるコト」**を伝えるコトPOP。具体的な愛飲者数、つくり方のこだわりなど、おすすめの理由を示し、このワインの価値をお客さまに伝えています。専門家によるランキング評価も効果的（フランスは別格で、それを除いたうえでの「世界のベスト12」入りという説明も「なるほど!」です）。

　Cは、お客さまに**「役に立つコト」**を伝えるコトPOP。このワインと相性のよい食べ物との組み合わせ提案があり、楽しみがふくらみます。「正直これには僕もびっくりしました！」という感

想に、お客さまの興味がさらに引き出されます。

　Dは、お客さまに**「ワクワクするコト」**を伝えるコトPOP。名前の由来となったエピソードを伝えることで、異国の物語を読んでいるようなワクワク感が生まれます。つい盗み飲みしたくなるというワインの味を「体験してみたい」という気持ちを引き出しています。

　いかがでしたか？　選んだ答えはさまざまだったと思います。それはひとつの商品に対して、コトPOPがいくつもの切り口を持っているからです。

◆ コトを伝える「3つのコトPOP」

　僕が研修で全国をまわり、コトPOP制作を指導する中で感じるのは、どんな受講者の方でも「お客さまになにを伝えたらいいのか」について一番悩んでいるということ。コトPOPによってお客さまの「買いたい」という感情を引き出すためには、

「知らなかった!」………………**発見**
「へぇ～、そうなんだ!」………**興味・関心**
「うん、そうそう!」………………**共感**
「なるほど!」………………………**納得**

　という言葉が、お客さまの口から自然と出てくるようにすることが肝心カナメです。そのためには、先ほどの**お客さまのメリットを伝える「3つのコトPOP」**が必要です。

お客さまのメリットを伝える 3つのコトPOP

コトを伝える「10」のコトPOP
① おすすめPOP
② 人気POP
③ 売上げNo.1POP
④ 安心·安全POP
⑤ 生産地のこだわりPOP
⑥ 品質·素材のこだわりPOP
⑦ 製法のこだわりPOP
⑧ 生産者·店員の想いPOP
⑨ 受賞歴·専門家の評価POP
⑩ 愛用者数·ユーザー数POP
　　　　　　……など

価値がわかるコトPOP

役に立つコトPOP

ワクワクするコトPOP

コトを伝える「10」のコトPOP
① 食べ方提案POP
② 飲み方提案POP
③ 関連販売POP
④ レシピ·アレンジPOP
⑤ コーディネートPOP
⑥ 健康·美容提案POP
⑦ ランキングPOP
⑧ 利用シーンPOP
⑨ つくり方·育て方POP
⑩ 簡単·便利POP
　　　　　　……など

コトを伝える「10」のコトPOP
① 事前告知POP
② イベントPOP
③ 限定品·希少性POP
④ 新商品POP
⑤ 購入者の体験談POP
⑥ 店員の体験談POP
⑦ 商品のエピソードPOP
⑧ 名前の由来POP
⑨ お店の歴史や伝統POP
⑩ メディアでの紹介POP
　　　　　　……など

※コトを伝えるそれぞれ「10」のコトPOPはすべて「POP」で表現しています。

①「価値がわかるコトPOP」

　お客さまは**商品の価値とその理由**を、いつも知りたがっています。**「価値がわかるコトPOP」**は商品の魅力を気づかせるため、お客さまは欲しい商品の価値を、容易に発見することができます。たとえば……

① おすすめPOP 　　　　　………体験談や価値を伝えてお客さまの納得を生む
② 人気POP 　　　　　　　………高リピート商品の特徴と価値を確実に伝える
③ 売上げNo.1 POP 　　　………具体的な売上実績がお客さまの信頼感を生む
④ 安心・安全POP 　　　　………正直な情報と納得する価値が安心を導き出す
⑤ 生産地のこだわりPOP 　………商品のバックグラウンドを伝え、物語をつくる
⑥ 品質・素材のこだわりPOP………心地よさのリアリティーは体験者の感想から
⑦ 製法のこだわりPOP 　　………店頭に並ぶ前のこだわりにスポットを当てる
⑧ 生産者・店員の想いPOP 　………店頭に並ぶ前のこだわりにスポットを当てる
⑨ 受賞歴・専門家の評価POP………有識者の「お墨付き」が購買意欲を後押し
⑩ 愛用者数・ユーザー数POP………「みんなの評価」の数値化が信頼感を生む
　……などなど（本書冒頭、口絵の作品を参照してください）。

　その商品にどんな価値があっても、お客さまが商品に気づかなかったり価値がわからなければ、商品がそこにあっても、ないようなもの。お客さまの「買いたい」という強い感情を引き出すことはできません。

　「価値がわかるコト」とは価値の理由を示し、商品をより深く理解し、お客さまにとっての**購入理由に気づかせる**ことです。

②「役に立つコトPOP」

　お客さまは**商品のさまざまな活用方法**を、いつも知りたがっています。**「役に立つコトPOP」**は日々の暮らしのアドバイス、困っているコト、悩んでいるコトを解決してお客さまの生活を豊かにします。たとえば……

① 食べ方提案POP　　　　………定番商品のアレンジ提案は常に関心度が高い

② 飲み方提案POP　　　　………新しい飲み方でお客さまのトライアルを促す

③ 関連販売POP　　　　　………主役商品と組み合せた「楽しさ」の情報発信を

④ レシピ・アレンジPOP　………手軽さを前面に「やってみたくなる」提案を

⑤ コーディネートPOP　　………いろいろな選択肢をビジュアルで提案する

⑥ 健康・美容提案POP　　………おもいやりを持って季節ごとの提案を行う

⑦ ランキングPOP　　　　………注目度の高い商品を一度に比較できる便利さ

⑧ 利用シーンPOP　　　　………意外な利用方法は必ず誰かに伝えたくなる

⑨ つくり方・育て方POP　………コツやヒントは簡単に伝えることがポイント

⑩ 簡単・便利POP　　　　………「どれほど」から「なるほど」を具体例で

　　……などなど（本書冒頭、口絵の作品を参照してください）。

　お客さまは高い商品知識と広い関連知識を持った「商品のプロ」の提案を求めています。一方で、暮らしの中から生まれた**ちょっとした「気づき」**が、大いに役立つコトも知っています。**プロの知識と生活者の知恵を活かした「役に立つコトPOP」**は、お客さまにとって「質問にすぐに答えてくれる販売員」がどんなときでも売場でスタンバイしているのと同じことです。

③「ワクワクするコトPOP」

　お客さまは商品やコトPOPを通して、**ワクワクする体験**をいつも探しています。**「ワクワクするコトPOP」**は、今まで知らなかった体験や楽しい体験談を知ることでお客さまの期待感をふくらませ、買い物を楽しくします。たとえば……

① 事前告知POP	………当日までのカウントダウンで期待感を持続
② イベントPOP	………イベント名は大きく書き期待感を盛り上げる
③ 限定品・希少性POP	………「今だけ」「ここだけ」の理由が納得を生む
④ 新商品POP	………今までと「なにがちがうのか」を具体的に訴求
⑤ 購入者の体験談POP	………親近感から共感へつながるクチコミ的POP
⑥ 店員の体験談POP	………身近な「専門家」はお客さま目線と同じ高さで
⑦ 商品のエピソードPOP	………お客さまには商品のニッチな情報も発見になる
⑧ 名前の由来POP	………由来を知れば、より商品に対する親近感がわく
⑨ お店の歴史や伝統POP	………受け継ぐ伝統の重みが商品価値をアップする
⑩ メディアでの紹介POP	………露出の高い理由をしっかり伝えることが大事

　……などなど（本書冒頭、口絵の作品を参照してください）。

　お客さまは買う前にコトPOPを読むことによって、**ワクワクを感じる満足度の高い買い物**ができます。そして、そんなお店であればこそ、お客さまはまた足を運びたくなります。

　つまり、お客さまの「ワクワクするコト」は、**リピーターを生む**という、店員にとっても、お店にとっても「ワクワクするコト」でもあるのです。

◆ コトPOPは「自分の視点」で伝える

　実際にコトPOP制作時、お客さまの買いたい気持ちを引き出すためには、「3つのコト」を**「自分」というフィルターや視点**で伝えることがとても重要になります。

　コトPOPはつくり手である「自分」が思ったコト、感じたコトを売場で、できるだけリアルに、そのまま伝えましょう。

　つまり、お店で働いている人からの、**きわめて個人的な「ここでしか聞けない話」**をお客さまは知りたがっているのです。

「自分」を主語にした等身大のコピーには、コトPOPをつくった人の《体温》があります。たとえ売場にあなたがいなくても、お客さまが「私に話しかけてくれている！」と思うようなコトPOPは、お客さまの気持ちをギュッとつかむことができます。

　逆に、この「自分の視点」がないと、ただの商品の紹介になってしまいます。先ほどの4つ、

「知らなかった！」………………………発見
「へぇ～、そうなんだ！」…………………興味・関心
「うん、そうそう！」……………………共感
「なるほど！」………………………………納得

　というふうにお客さまに答えていただけるような伝え方をめざしましょう。

　ただし、ここで言う「自分の視点」は、「私」や「僕」といった文字どおり一人称だけでなく、

「私の夫は～」「僕の奥さんは～」「うちの家族は～」

「私の友人は〜」「店長○○は〜」「青果主任○○は〜」
　など家族や関係者を主語にしても、伝えることができます。

　また、コトPOPのコピーが明らかに「自分（発言者）の思ったこと」だとわかる場合には、「私は」といった主語を省略してもOKです。そして、担当者の名前を明記したり、笑顔の写真を載せることで、お客さまとの距離をより縮めましょう。
「私」つまり「あなた」が発信源。そこからクチコミが広がり、リピーターの獲得にもつながっていくのです。

◆ コトPOPの制作はまず頭の整理から

いざコトPOPを制作！ となったときに、頭の中では「3つの
コト」があるとわかっていても、それをすぐに言葉(コピー)に変
換するのは難しく感じるかもしれません。そこでまず、お客さま
のメリットを「3つのコト」に分解して、思いついたことをどん
どん書き出すことをおすすめします。

「制作時間が余計にかかってしまう」なんて心配はご無用！

考えを文字にすることで頭の中が整理され、**「誰に、なにを
伝えるか」**がはっきりするため、制作時間はむしろ短縮できます。

それには、いつも僕が研修で使っている下のような**「コト出し
シート」**がとても便利です！

＜**コト出しシート**＞		
商品名		
誰に買って もらいたいか		
価値がわかるコト	役に立つコト	ワクワクするコト

「3つのコト」を書き出したら、それぞれ単独で、あるいは組
み合わせてコトPOPのコピーをつくりましょう。

これは、はじめてコトPOPの研修を受講した方が書いた**コト出しシート**です。

＜コト出しシート＞

商品名	ジェットストリーム
誰に買ってもらいたいか	ボールペンであれば何でもイイという方、ボールペンを使い始める学生

価値がわかるコト	役に立つコト	ワクワクするコト
○リピーター続出！ クセになるなめらかさ ○年間1億本以上も売れてます！ ボールペンの革命児。 ○なにこれ！ うそ ヌルッヌル書ける！ めっちゃ ○紙にもスマホにもなめらか ジェットストリームスタイラス	手帳にはコレ！ 柚字な ジェットストリーム 勉強用に ビジネスシーンに 外出時に ☆ 選べる幅広ラインップ ☆ これから猛勉強する予定のアナタ… 腱鞘炎予防に なめらかボールペンはいかがですか？？	使い始めてから 他のボールペンが使えません！ スタッフの間でも 大学受験はコレで 乗り切りました♪ 大人気！ バカ売れ 最上級のジェットストリームから… ☆ 限定色 ☆ 登場！！

↓

このコト出しシートから出来上がった**コトPOP**がコレ‼

いきなり「なにこれ!?」という心の叫びもインパクト大ですが、ボールペンの書き味を「ヌルッヌル」と表現した点が実に独創的で、はじめてこの商品を使ったときの驚きが、見る者にリアルに伝わってきます。好奇心をくすぐられたお客さまは、

「ヌルッヌルってどういうこと？　自分も使ってみたい！」

　と思うわけですね。

　一緒に参加していた受講者の方からも、「おもしろい！」と大絶賛を浴び、その反応に**コトPOPをはじめてつくった本人もビックリ**していました。

　楽しく早く、コトPOPがサクサクつくれる「コト出しシート」を活用して、お客さまの心をガッチリとつかんでください。

　……とは言え「やっぱり書けないよ！」という声もまだ聞こえてきます。

　なぜ書けないか？　では、最後にもう一度じっくり考えてみましょう。それはおそらく2つの理由から書けないのです。

　ひとつは、本当に「商品知識がない」から。この場合は基本情報のインプットや自らのお試し体験を重ねるとよいでしょう。

　もうひとつは「最初から上手に書こうとして」書けないということ。コトPOPをつくるうえで一番大事なことは、**商品知識を身に付けたうえで、とにかくまずは「書いてみる！」**こと。そして、それを売場に付け、**お客さまの反応を確かめること**です。

　そのコトPOPがお客さまの心をがっちりつかんでいるかどうかは、お客さまの行動がそれこそ真っ正直に教えてくれます。

　反応がイマイチだなと思えば、トライ＆エラーで書き直せばいい。実行あるのみです。

お客さまの目をくぎ付けにする「お米」と「ばか」という意外な言葉の組み合わせで、まず足を止めさせ、興味を持たせる。 **かんこめ（愛媛県）**

お客さまが「ある！ ある！」と思うような困った体験の解決方法を、あらかじめコトPOPで伝えた。スタッフを探すまでもなく問題解決だ。 **ソフトバンク錦糸町（東京都）**

第5章

コトPOPづくりの
ヒントあれこれ

コトPOPなんて怖くない!

　前章の最後でもふれましたが、いざ「コトPOPを今からつく
るぞ!」となったとき、「なにを書けばいいの?」「どうやって
書けばいいの?」「どこからヒントを見つけ出せばいいの?」と
いったことが思い浮かぶという人は多いでしょう。

　どんなに「失敗を恐れず、習うより慣れろですよ!」と言った
ところで、はじめは皆とまどうものです。特に、はじめて「コト
POP」に取りかかろうという人にとって、POPの前についた謎
めいた「コト」が付くので、それだけでハードルが上がったよう
な気になるかもしれません。

　でも、ここまで読んでいただいてわかるように、心配はご無用
です! この本にはコトPOPづくりのヒントと「こうしたほうが
より伝わりやすい」といったアドバイス、さらに「コトPOPづ
くりの達人はこんなことをやっている」というようなPOPづく
りが**楽しくなるポイントや秘訣**が詰め込んであります。これら
をコトPOPをつくりはじめる前の準備体操として知っておくと、
スタートダッシュに差がつきます。

① 生活者の立場で考える!

　コトPOPをつくるうえで、僕は**とにかく「ふつうの人」でいよ
う!**と言っています。

　ここで言う「ふつうの人」とは、売る側に染まってしまわない
こと。主婦であれば、雑誌を読んだり、テレビを見たり、子供と
遊んだり、友達とランチや飲み会に行ったり、夕食をつくったり、

掃除に洗濯……そういう日常生活の経験と気づきの中から、**お客さまのメリットとなる「コト」**を見つけて書くのです。

　売る側にどっぷりつかっていると、生活者としての感覚と価値観をついつい失ってしまいがちです。それではお客さまの共感は生まれません。

　また、売る側だからといって変に肩ひじ張る必要はなく、知らないコトがあれば、学ぶことも多く、新しい知識の発見は感動さえもたらしてくれます。自分が日ごろから疑問に思うこと、こうだったらいいのにと思うことをコトPOPにしていくと、お客さまが共感してくれるのです。

　スーパーマーケットやコンビニは、そもそも「セルフサービス」です。セルフサービスは効率を上げるため、お客さまとの接点を犠牲にしている面があるのですが、近年これを見直そうとい

う流れが出てきました。

　その解決策のひとつとして、「コトPOP」は最適だと僕は思っています。できることなら、営業時間中ずっと店内で、すべてのお客さまに接客ができれば一番なのですが、そんなことは不可能ですし、誰もそこまで求めていないでしょう。しかも、今はウィズコロナ時代ですから、なおさらです。だから、「もうひとりの自分」であるコトPOPを売場に付けるのです！

② どんな商品にコトPOPを付けたらいいのか？

　「これについて書いてください」とコトPOPの題材を渡された場合は、意外と取り組みやすいもの。しかし、自分で商品選択をするとなると、それなりに時間がかかります。

　そういったときの解決法です。それは、季節、生活シーンからイメージし商品を選んでいく方法。

　僕の経験から行き着いたのは具体的な「季節」や「生活シーン」を最初に設定すると、よりお客さまに近いテーマで商品提案ができるということです。

　たとえば、季節を冬で設定すると「鍋」というテーマが思い浮かびます。次に「なんの鍋か」と考えていくと「メニュー」が決定し、つづいて鍋に入れる商品を「単品」にまで絞り込んでいけば、自分が「売りたい商品」にたどり着けるというわ

け。その商品こそがコトPOPを書く商品なのです。

言ってみれば「**連想ゲーム**」!!

さらに単品だけにコトPOPを書いて売るのかと言えばそうではなく、せっかく大きくテーマが決まったのだから、テーマに付随する関連商品を組み合わせることで、より「鍋」のある食卓がイメージしやすくなり、楽しいコーナーが完成します。すると、売場の中でそのコーナーの注目度が大きくなるため、立ち止まっていただける頻度もグンとアップしていきます。

というわけで「**テーマ**」で**取り組む**ことをおすすめします。

③ 自分で体験する、自分で調べる

商品が決まったら、実際に食べたり使ったりしてみることが大切です。そして体験した内容をコトPOPにしていくのですが、その商品についてさらに深く調べてコトPOPをつくることができればベストです。

コトPOPは、**本当の情報をウソ偽りなく書くことが大前提**です。少しでも不安があったり不確かな情報があるなら、それは信頼できる情報源にあたって、必ず確認してください。

誇張も避けましょう。JARO（日本広告審査機構）ではないですが「ウソ・大げさ・紛らわし」はやめましょう。

新発売の商品を知ったとき、テレビや雑誌を見ていて欲しい商品を見つけたとき、僕たちは興味を持ったその商品のことをもっと知りたくなります。日常生活の中でも**自分のアンテナに引っかかる情報**はたくさんあるはず。

そのときどきにすぐ調べて体験すれば、あなたも「**あっ、そっか!**」と思うはず。その気持ちをそのまま「**自分**」を主語にして

お客さまに伝えることが大切なのです。

　あなたの持つ**コトPOPの切り口、アイデア、商品知識を保存するファイル**を「**あっ、そっか！**」でいっぱいにしてください。

④ キーワードやひらめきの「コト」を書き込む言葉帳

　テレビや雑誌などから仕入れたタイトルや、瞬間的にひらめいたフレーズなど、コトPOPのキーワードとなる言葉をいつでも書き込める**ノートを1冊つくる**ことをおすすめします。特に瞬間的にひらめいた言葉はすぐに控えておかないと忘れてしまうため、文字で残すことがとても大切なのです。

　第6章に登場する、スーパーマーケットでコトPOPをつくっている主婦のちょろこさんは、「**コトPOPを書きはじめてからずっと言葉帳に気になった言葉を書きつづっています**」とのこと。その言葉帳も今では数十冊になっているそうです。

　コトPOPをつくる商品が決まったら、その商品を表現するのにピッタリな言葉を、言葉帳の中から見つけて当てはめていけばいいのです。

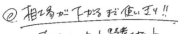

◎ 相場が下がるまで 使いきり!!
　おぼえやット野菜セット
・(必要な時に 必要な分だけ、使いきりがとっても 紫便利です!!
"野菜の値段が下がるまで こうやって かしこく使い切ります♪

◎ 冷凍野菜 … 旬の時期に収穫しているから 栄養価も高い!!
　"冷凍野菜でかしこく GET!!"

・野菜ジュース (そのまま飲んでも よし! スープのベースに使うもよし!)

・芯のある野菜 は 芯から腐りやすいので 芯を取って保存するのが良い

・レタス … 芯の切り口に 小麦粉 塗る。レタスを ポリ袋に 息をふきこみ
　　　　CO₂ガスが レタスの酸化を 遅らせる!

思いついたことは、とにかくなんでも「アイデアのストック」として書き留めて
おく、ちょろこさんの言葉帳。

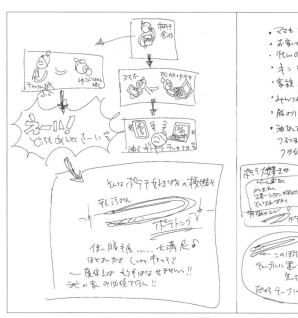

言葉帳でメモしていたアイデア（上）が
こんなコトPOP（下）になった!!

「昨日と今日、晴れの日と雨の日では自分の感覚もちがうので、言葉帳を見返すたびに新しい発見があります」

と彼女は言っていました。

僕はスマホの中にある「ノート」というところに、気になった言葉を打ち込んでいます。**「記憶は消えるけど、記録は消えない!」** これ、僕のお気に入りの言葉です。

⑤ コトPOPのキャッチコピーは本やブログから学ぶ

たとえば、ふらっと入った書店で、自分が共感するタイトルを偶然見つけて半ば衝動的にその本を買ってしまった、という経験のある人は多いでしょう。

本のタイトルがおもしろかったり、心に刺さるものだったら、**お客さまの目や足を止めることができる**ということです。

これはブログも同じで、人気のブログタイトルを見ると、どれも思わず中身を読みたくなるようなタイトルが付けられています。

コトPOPのキャッチコピーは、本のタイトルや、僕たちが毎日、目にする新聞の見出しと同じです。見出しは、その記事の内容を短い言葉で言い表したもの。多くの人は、パッと目にした見出しの中から、最も興味を引いた記事から読み始めます。

コトPOPのキャッチコピーも大きな文字と短い言葉で、お客さまのメリットをしっかりと伝え、その後につづくコピーに興味を持たせるのが役割です。

キャッチコピーが決まったら、あとはお客さまのメリット（価値がわかるコト、役に立つコト、ワクワクするコト）をよりわかりやすく説明します。

「こんなことが書かれていたら買っちゃうよなぁ〜」と、**お客**

さまの立場で考えてみてください。

　以前読んだ鈴木康之さんの『名作コピーに学ぶ読ませる文章の書き方』(日経ビジネス人文庫)の中に、

　　　「一行目には二行目を読みたくなるように、
　　　　二行目には三行目を読みたくなるように、
　　　　最後の行までそう書けたら満点です。」

とありました。まさにこのことだと思います。

⑥ 切り口は女性向け情報誌から学ぶ

　買い物をする女性の心に訴えかけたいなら、当事者である女性に聞いてみるのが一番。特にコトPOPのキャッチコピーには、

お客さまにトキメキを与えるフレーズが必要です。

　そういうときに僕は、あまたの**女性向け情報誌**を参考にします。女性向け情報誌なら**どのページにもトキメキの言葉が満載**。特にキャッチコピーにはヒントとなるものがたくさんあります。

　心がときめくキャッチコピーをコトPOPに付けることで、興味を持ってお客

さまに読んでいただける
だけでなく、商品購入の
確率が大きくアップしま
すので、おすすめです。

　とは言え、男性の中に
は「どんな雑誌を選んだ
らよいのか、皆目、見当
がつかない」という人も
いるかもしれませんね。そんなときには、聞くは一時の恥、聞か
ぬは一生の恥。家庭や職場の女性陣に素直にアドバイスをもらう
のが賢明な方法です(笑)。

⑦ 切り口はSNSのおしゃべりからも生まれる

　女性が集まっておしゃべりする、かつての井戸端会議のスタイ
ルは、いま「女子会」や「ママ友会」と名を変えて健在です。

　SNSなどの電子掲示板の
発達で、会ったことのない
地球の裏側に住む人たちと
も、おしゃべりを楽しむこ
とができる時代になりまし
た。

　SNSのおしゃべりの中に
は、**日常生活では出会え
ない言葉づかいや価値観
があり、思わぬヒントが潜
んでいる**ものです。

僕もSNSを楽しんでいる一人ですが、始めてすぐ、それこそ光の速さ(笑)で友達の輪が広がっていきました。

　そこから得られる情報量の多さと範囲の広さは、他の手段ではまったく考えられないほどです。特に地元の人しか知らないようなローカルな情報は、コトPOPをつくるうえで楽しい切り口になりますから、貴重な情報源のひとつと言えるでしょう。

⑧ 切り口はお客さまとの会話の中にあり

　ベテランの店員になると、たとえばレジでお客さまに、
「これ、おいしいんですか?」 と声をかけ、
「あっ、これ! 彼がすごく好きなんです」だとか、

とろけるチーズのせ
バターパンが大好き!

なるほど。

「キムチの素を焼きナスにかけると家族が喜ぶのよ」
「このバターパンにとろけるチーズをのせてからオーブンで焼くとおいしさがアップするの!」
　などなど、お客さまとのちょっとした会話の中からコトPOPの情報をたくさん引き出すことができます。

　「お客さまは神さまです」というのは昔から言われていることですが、**「私にとって、お客さまは、コト情報という**

宝を持って来てくださる『コトの神さま』です」と言って憚らない、コトPOPのスペシャリストを僕は知っています。

　神さまついでに言うと、神さまのお告げを伝える人やモノのことを昔は「事代」と言ったらしいのですが、お客さまの声をすくい上げてみんなに伝えるコトPOPというツールは、まさに現代のコトシロと言えるかもしれませんね。

⑨「おもしろい切り口」は他業種からモデリング

　自分の仕事と同業である他店を見学すると、さまざまな発見があってとても参考になります。さらに、たまにはでいいので、自分たちとはまったく異なる業種の店舗見学もおすすめです。

なぜなら、いろいろな方がそれぞれちがった目線でコトPOPを書き、売場づくりをしているのが垣間見えるから！

　自分では思いつかないような「アイデア」が、世の中にはまだまだたくさんあることを知るチャンスです！

「おもしろい（興味深い）切り口を発見しよう」とちょっと意識すると、**今まで見えなかったものが見えてくる。**

　そのためには、まず自分のフィールドから一歩外へ出てみる！この行動が新しい発見につながるのです。

　僕が主宰する「POPの学校」でも〝大人の遠足〟と称して、店舗見学ツアーを実施しています。大切なことは、おもしろい切り口をキャッチするためのアンテナを常に立てておくことです。

⑩ 編集後記はかなりお手本になる

　雑誌などの編集後記には、よく取材の「こぼれ話」や「編集者の身近な話」などが書かれています。

　僕はこれを読むのが結構好きです。そこから編集者の人となりを感じることができるからです。

　ちなみに僕自身は受けとる側だけでなく発信するほう、すなわち「POPの学校」というメルマガを以前発行する立場でもあったのですが、その中でも悩むことなく気軽に

書けたのが編集後記です。ある意味、行き当たりばったりなのですが、そのときの「等身大の自分」をさらけ出すつもりで書いていました。

　編集者や記者と呼ばれる人たちのことをよく「常にアンテナを張ってネタをさがして過ごしている人種だ」と言うのですが、彼らと同じようにしてみる。たとえば、あなたの身のまわりで起こったコト、感じたコトを拾い上げるわけです。これらすべて立派な「ネタ」です。

　なにか素敵な出来事に出会ったら、「あっ、コレいただき！」ということで、たちまちコトPOPに早変わり。

　すなわち、コトPOPは、

あまりかしこまらずに楽しんで書く。

　そうすることでお客さまは、コトPOPを通して「あなた」という人を感じることができるのです。

　悪い例として、よくコトPOPで**商品のウンチクを書き倒す人**がいますが、あれはいただけません。それよりも**自分らしさを前面に出して、自分の思ったコト、感じたコトをそのまま書いたほうがはるかによい**のです。

　そうすることで、お客さまとの距離が縮まり、フレンドリーな関係を築くことができるからです。

　すべての出会いは一期一会ですが、小さな出会いを繰り返すうちに、やがてお客さまがあなたの書いたコトPOPを読むことを**わがことのように楽しむ**ようになり、店内でコトPOPを探してまわってまでして読んでくれるようになる、なんてこともある。沖縄方言の「イチャリバ、チョーデー」（＝行き会えば皆きょうだい）

みたいに、POPというのは人と人との出会いをつなぐ縁結びの
ツールでもあるのです。

⑪ コトPOPは「クスッと笑える」ことも大事

コトPOPを付けて**商品を売りたい人**はたくさんいても、コト
POPで**お客さまをクスッと笑わせたいという人**はどれだけいる
でしょうか。

人は誰でも、**笑うことで警戒心が小さくなる**ものです。つい
でに、笑うことでお財布のヒモもゆるむ。というわけで、たとえ
そのときは購入につながらなくても、

「クスッと笑える楽しいコトPOP」との出会い

は大きな財産。**お客さまの心に良い印象として深く刻まれる**
ので、**再来店のきっかけやファンづくりに貢献する**ことになる
のです。

これは、いわば、**コトPOPの時間差攻撃!**
「小さなクスッと」が大きな効果につながるわけで、僕はコレ、
とても大事なことだと思っています。

思わずクスッと笑えるコトPOPがあったら、それを見たお客
さまのリピート率が高まり、次回来店のときに「また笑えるコト
POPがないかしら」と探してくれるはず。

そういうお店の例として、もしお近くにヴィレッジヴァンガー
ドがあれば、ぜひ一度立ち寄ってみてください。そこはクスッと
笑える「コトPOPの宝庫」だからです。

この看板の文面は168ページの「高崎卓球」の実例をもとにしています。

⑫ 自分のノートに書くように書く

　お店で「さあ、コトPOPをつくるぞ！」と身構えてしまうと、躊躇してペンが走らない、コピーもまとまらない、ということがあります。

　そういうときは、「いつでも、なりきりステイホームの術」！「いま自分は家でノートにメモを取っているんだ」とイメージすると、ちょっと楽になりますよね。

　肩ひじ張らずに、「誰かになんか言われたら……」なんて気にしないこと。単純にメモを取るときのように気構えずにどんど

ん書きます。コトPOPは絶対に、**たくさんつくったもん勝ち**です。経験を積めば積むほど、制作時間を短縮でき、つくる人のオリジナリティがにじみ出てきます。うまく書けたものも、失敗したものも、1枚1枚のコトPOPすべてがあなたのスキルになります。

　まずはリラックスして書いてみましょう！

⑬ 書く道具はなにが必要か？

　「手書きをするときは、なにで書けばいいの？」という質問をよく受けます。僕はいつも「なんだっていいんだよ、決まりなんてないから」と言っています。紙だって、ペンだっていい。サイズだって自由。最初に取りかかるときは自分の周りを見渡して、その辺にあるものを使ってみましょう。

　繰り返し言っていますが、まずは**最初の一歩を踏み出すことが一番大事**です。

　ちなみに、僕がスーパーマーケットからの依頼を受けてはじめ

て書いたPOPは、忘れもしない「ケロッグ コーンフレーク」でした。文具店で売っている画用紙をハサミで小さくカットして、パッケージのイラストをちょっと添えて、

「牛乳をかけても食べ終わるまでサクサク食感！」

　みたいなことを書いた記憶があります。コトではなくて商品名とメーカー名と価格が目立っていましたが……(苦笑)。

　でも、それでもOKなんです！ はじめからパーフェクトにできちゃう人なんていないんですから。

⑭ 重宝するわりに売れていない商品を救い出す

　自分のお気に入りの商品がどこで、どんなふうに売られ、お客さまはどんな評価をしているかということは、気になるところです。その商品がお店の隅っこで埋もれていたらどうでしょう。自分はその商品のよさを知っているのに！

　そういうときは「なぜ?」と理由を探すことが大切です。

「お客さまにその商品の価値が十分に伝わっていないから」

「目立たない場所で販売されているから」

　など、売れていない理由はいろいろあると思います。

　これが「気づき」です。

　そういった商品こそ、コトPOPを付けて紹介してあげる必要があるのです。自分がおすすめしたい商品なら、なおさらのこと。売場の中をちょっと見渡して、自分にスポットが当たることを心待ちにしている商品を、コトPOPをつくって救い出してあげましょう。

⑮ 伝え方を変えてみる

　コトPOPを書いて付けたけれども反応がイマイチだと感じたら、伝え方を変えてみる必要があります。たとえば、

「『やや辛い』は、額にじわっと汗がにじんでくる辛さ。

　『かなり辛い』は、机をたたくぐらいの辛さ。

　『激しく辛い』は、食べた瞬間思わず走り出すぐらいの辛さ

　　　　　　　　　　　　　　　　　……です。」

　と書かれていたら、その辛さを食べる前に感じ取ることができ

ますよね。しかもクスッと笑えます。

　最近のエコカーなども同じです。ウリの文句には、
「燃費がいい」「リッター40km走れます！」
　とあります。これでお客さまに燃費がいいことは伝わりますが、
「満タンでどこからどの辺まで行けるか？」
「リッター10kmの車と比べて、年間どのくらいガソリン代がちがうか？」
　といった生活の中での実感が表現できていません。

　同じように不動産の物件POPの中で「駅から歩いて700m」と書くよりも、「歩いて９分」のほうがよっぽど具体的でわかりや

すいと思いませんか。

　伝え方を変えるときのポイントは**「よりリアルな生活感を、より具体的にわかりやすく」**です！

⑯ 常に「問いかける」

　コトPOPに**「これが正解！」というものは存在しません。**唯一正解があるとするならば、それはお客さまの心の中にだけあります。だから、

「こんなふうに伝えたほうがわかりやすいかな？」

「この言葉づかいでちゃんと理解できるかな？」

　などと、**常に「問いかける」**ことが大切だと思っています。

　気をつけなくてはならないのは、自分だけにしかわからない、**独りよがりのコトPOPになっていないか**ということ。

　コトPOPをつくりはじめて誰もが最初に思うことは、

「うまくなりたい！」

　です。この「うまく」という中には、読みやすい文字が書けるとか、色がキレイといったテクニカルな要素のほかに、

「パパッと手早くつくること」

　も含まれていますよね。

　そして、誰からも褒めてもらえれば気分は最高！

　しかし、いくら文字が上手に書けるテクニックを身に付けたとしても、パソコン上できれいなレイアウトができたとしても、肝心のコピーがお客さまの心をギュッとつかんでいなければ、お客さまに商品を買ってもらうことはできません。

　だから常に「自分が書いたコトPOPがお客さまにきちんと伝

わっているかな？」ということを問いかけつづけることが大切です。

　このように繰り返し問いかけていくと、必ず**足りない部分**が見えてきます。そういうところが見つかったときは、付け足せばいいのです。

　最初から完璧なコトPOPをつくることなど、鳥取砂丘で落としたスマホを探すくらい難しいのだから、

「なんか、ちがうなと思ったら、書き足したり直せばいいじゃん！」

　と思っていれば、コトPOPの制作も気が楽になりますよ。

商品の利用シーンを明確にすることで、メニューを決定する時間を短縮させる効果を狙える。時間の制限がある場所で応用が利きそうだ。**羽田空港BLUE SKY15番ゲートスナック（東京都）**

キャリア70年、
おばあちゃんドクターの
しなやかさと強さと慈愛にみちた言葉が
心を元気にしてくれます

16万部突破！

精神科医
中村恒子
聞き書き：奥田弘美

心に折り合いをつけて

うまいことやる習慣

キャリア70年、
フルタイム勤務を続ける精神科医が
教えてくれた日々たんたんな生き方

**幸せかどうかなんて、
気にしなくてええんです**

仕事が好きでなくても、立派な目標がなくてもいい。
肩の荷を下ろすと、本当の自分が見えてくる。

すばる舎

なんのために、
働きますか？
**お金のために
働くで
ええやない。**

人を変えることに
エネルギーを使わない。
**自分がどうしたら
快適に過ごせるか**
にエネルギーを
使う。

孤独であることは、
寂しいことではない。
孤独はよきもの
と受け入れると、
ラクになることが
いくつもある。

心に折り合いをつけて
うまいことやる習慣

著者：中村恒子　（聞き書き：奥田弘美）
定価：**本体1300円＋税**
ISBN 978-4-7991-0721-8

● B6変型・232頁

第6章

「ちょろこ流」
コトPOPが
できるまで

僕は「自分のつくったコトPOPで、お客さまの気持ちをギュッとつかむことのできる人」をたくさん知っています。

　その一人である「ちょろこさん」（愛称）は、**コトPOPがコトPOPと呼ばれる以前からコトPOPを手書きで書いていた人**として、知る人ぞ知る存在です。

　そのちょろこさんが、コトPOPの考え方やつくり方を、これから勉強したい！　もっと上達したい！　と思う人たちのためにオープンに語ってくれました。ぜひ参考にしてください。

　さあ、ちょろこさんの登場です！

コトPOPで、「お客さまを笑顔にするもう一人の自分」をつくりたい！

　はじめまして、ご紹介いただいたちょろこです。

　さっそくですが、私にとってのコトPOPとは、自分の分身もしくは代役です。そしてまた、すべてのお客さまに対して常に日々の暮らしに役立つ情報を提供してくれる、優秀なパートナーという感じです。このもう一人の自分は、いろいろなタイプの店員になれるのが特徴です。

　お客さまをクスッと笑わせたり泣かせてみたり、ときには驚かせたり感動させたり。その商品やサービスにぴったりの店員を売場に派遣することで、売上げアップにつながっていくのですからとても優秀です。**「だったらコトPOPをつくらなきゃ損でしょ!!」**って、そんな気がしてきたでしょ？

　では、そんな気がしてきたところで、私「ちょろこ流」のコトPOPのつくり方について説明していきますね。

といっても、ちょろこはプロのPOPクリエーターでもイラストレーターでもありません。ちょろこはスーパーマーケットで働く、ふつうの主婦なんです。だからプロっぽくコトPOPの書き方を指導できるわけでもなく、理屈を語ることもできませんが、「ちょろこ流のコトPOPの考え方やつくり方」を、お伝えしていきたいと思います。

　私はイラストを描くことが好きなので、ちょこっと描き加えることがありますが、コトPOPには必ずイラストが必要ということはありません。文字だけのコトPOPで全く問題ないんです。
　もともと「コトPOPには決まりなんてない」と思って制作しています。「絶対使ってはいけない、コンプライアンス（法令遵守）に引っかかる言葉」以外なら、全く自由な「ちょろこ流スタイル」でいつも書いています。
　「ちょろこ流」は**少々適当っぽい**のですが、それでコトPOPはこうやって書くんですよ〜とか語っているのがまたおもしろいですよね(笑)。

　そんな「ちょろこ流」ですが、コトPOPを書くときは、**お客さまと会話をしているように書く**ことを意識しています。でも、会話調で書くのが難しいと思う方は、お友達にメールをするように携帯メールに打ち込み、それをそのままコトPOPにすると、会話調のコピーがつくれるようになります。
　また、コトPOPは常にお客さまが知りたい「本当の情報」を発信していかなければならないと思っています。本当の情報こそが、信用度アップにつながるのです。「このお店のコトPOPなら信用ができる」と思ってもらえることで、お客さまはリピー

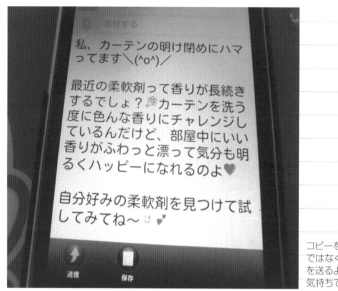

私、カーテンの明け閉めにハマってます＼(^o^)／

最近の柔軟剤って香りが長続きするでしょ？🏠カーテンを洗う度に色んな香りにチャレンジしているんだけど、部屋中にいい香りがふわっと漂って気分も明るくハッピーになれるのよ♥

自分好みの柔軟剤を見つけて試してみてね〜☺️💕

送信　保存

コピーを書こうとするのではなく、友達にメールを送るように書くと楽な気持ちでできる。

ターになってくださるのです。

　お客さまはコトPOPを読み、商品を購入したあとの自分を想像し、幸せな気分を味わえると思ったからこそ商品を買います。
　なのに、帰宅後、商品を実際に使ってみて、「コトPOPに書かれていることとちがうな」と感じた瞬間、お客さまは騙されたと思ってしまいます。そして、その商品を二度と購入することがないのはもちろん、そのお店にある他のコトPOPの信用度さえなくなってしまうんですよ。

　コトPOPは**良いことだけでなく、「本当のこと」を書かなければいけない**と思います！
　たとえば、対面販売をしているお魚屋さんの店員は、
「これ見て‼ 新鮮でしょ〜！ 鮮度抜群なんだけど、脂のノリがイマイチだから今日はお安くしてます。おいしい食べ方としては

バター焼きがおすすめですよ！」

　など、直接言葉でお客さまに安くした理由や、おいしい食べ方の提案をしていますよね。お客さまはそれを聞いて納得したうえで購入されるのですから、その後に不満が生まれることはまずありません。

　店員がいないときには、コトPOPがお客さまに**「おすすめする理由」「いつもより安い理由」**をウソ偽りなく情報提供します。そうすることで**信用**が生まれるのです。

　良いことしか書かないコトPOPは、本当の「もう一人の自分」ではないと思います。もう一人の自分である「コトPOP」は、お客さまに、ずっとお付き合いしていきたいと思っていただける切り口で書くことが大切です。お客さまのことを思って、**本当のこと**を書いていくんです。

ちょろこの「私のおすすめ提案」が基本です！

　「私のおすすめ提案」は、取り組みやすい提案のひとつだと思います。ちょろこがコトPOPにチャレンジするきっかけとなったのが、この「私のおすすめ提案」です。どんなものかというと、自分のお気に入りの商品を選んで、**なぜおすすめしたいのか、その理由を書いてコトPOPにする**というもの。

　「なにを書けばいいの？」と迷っている人は、ここから入るといいですよ。

　さて、書いたコトPOPを売場に直接付けてもいいのですが、私たちのお店では、担当するレジに商品をディスプレイするカゴ

を取り付けて、小さくて可愛い自分たちの売場をつくって販売していました。

　実はこの提案を行うことで、**とても素敵なこと**が次々に起こり始めました。

　買い物をする中で、お客さまが通過する最終コーナーがレジです。そこでもう1点商品を買っていただければ、お買上げ点数がアップになります。

　買い物をする際、お客さまが一番嫌がるのは「レジで長く待たされる」ことですよね。そこで「私のおすすめ提案」が本領を発揮！ レジでお待ちいただいている間、お客さまにコトPOPを自然に読んでいただけるので、**待ち時間の退屈さの緩和**になりました。さらに、コトPOPを読んだお客さまから、その商品に関しての質問があったりしてコミュニケーションが生まれたのです。そのうえ、お客さまがコトPOPを読んで納得したうえで買い物カゴに商品を入れた瞬間、今まで味わったことのない特別な思いの「ありがとうございます」が言えたんです。

　同時に、自分がおすすめしている商品が売れた、という商売人としての喜びもひしと感じられました。

　私はこのとき**「私のおすすめ提案」**というのは**「もう一人の自分」の言葉**なんだと実感することができました。だからコトPOPには「私」が良いと思ったことを素直に書いて、伝えればいいと思います。

　こうして、コトPOPを書くことに苦手意識を持っていた仲間も、いつの間にか次の商品はなににしようかと「私のおすすめ提案」を**書くのが楽しみ**になっているという、良いことばかりの取り組みとなったのです。

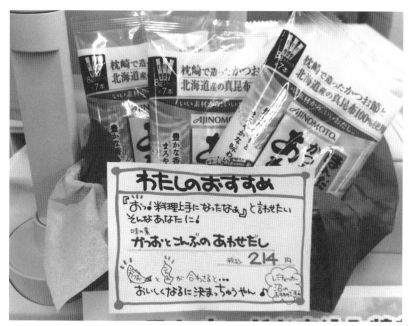

レジ横に置いたカゴに付けたコトPOP。
レジ待ちの時間でもお客さまが読めるように、短い言葉で仕上げるのがポイント。

ちょろこの「コトPOP」のつくり方

　コトPOPは書く内容によって、レイアウトも色もコピーも変わってきます。だから最初は**型にはめない**ことが大切だと思います。

　とはいえ「ちょろこ流」は、自由ではあるけれど、お客さまにとっての「見やすさ、読みやすさ」にはすごく気をつかっています。せっかく書いてもお客さまに意味が通じなければ、書いてないのと同じですからね。

　それでは、スタートです！！ ＼(*^▽^*)／

① まず「文字」を書くときのポイント

　私ちょろこは、決して字がうまいとはいえません。でも、これを私は**個性**だと思っています‼　それでもコトPOPを書き始めたころに比べれば、ずいぶんとうまくなったと思っています。

　文字って、書けば書くほどマーカーとか道具に慣れてきて使いこなせるようになって、**うまくなるもんなんだぁ～**、と実感しています。これ、間違いないですよ（笑）。

　そんなちょろこの文字の書き方のコツはひとつ！

文字の最後を止める！！！

　なんだ、それだけ？　って思いますよね (*^^)v

　ちょろこも昔はマーカーで書く文字の最後がすーっと流れてしまったり、ピョンとはねたりもしてましたが、**意識して止める**

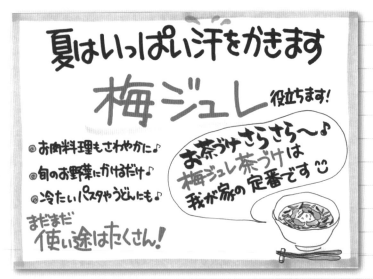

特にマーカーの場合は、文字の最後をきちんと止めることで丁寧さが出る。
お客さまは丁寧に書かれたコトPOPに、お店からの「おもてなし」を感じる。

ようにしたら、**すごーく見やすく読みやすい文字**が書けるように
なっちゃいました。本当にちょっとしたことですが、こういう
ところに気をつけることがすごく大事だと思います！

② 次は「レイアウト」

　ちょろこはレイアウトでもお客さまの「見やすさ、読みやす
さ」にトコトン気を配ります。

　きっちり「こうする」と決めているわけではありませんが、横
書きのコトPOPなら、お客さまの目線は、**左から右、上から下
へ**流れるので、**POP用紙の「上」には《キャッチコピーか商品
名》**を入れ、**「下」には《お客さまのメリット》**（価値がわかるコ
ト、役に立つコト、ワクワクするコト）**を書く‼**

　ちょろこはいつも、このレイアウトでつくっています(^o^)／

レイアウトはあまり凝らずに、シンプルにまとめることが大事。
キャッチコピーや商品名の書体の変化でアレンジできる。

POP用紙いっぱいに文字をギュウギュウに書いてしまうと、見た目に窮屈。

なんかそれだけでお腹いっぱいで、コピーを読む気がなくなっちゃいます(>_<)

逆に、周りの余白を取りすぎると、今度はスースーと秋風が吹いていて寂しくなり、楽しい気分になれません。

だいたいですが、**文字と余白のベストな比率**は、

文字7：余白3

です。ちょろこはちょっと余白が少なめかな(^o^)／

周りの余白を多く取り、文字を小さくまとめると「高級感」が、
反対に、余白が少なく、文字が大きくなるにつれて「特売感」が増す。

④ 文字の大きさでつくる「メリハリ」

ひとつのコトPOPの文字をすべて同じ太さのペンで書いてしまうと、どれも目立たなくてお客さまに伝えたいことがよく伝わらないと思います。だから、**伝えたい順番を決めておく！**

これが大事です。この順番の①、②、③が決まると、あとは、

① 大きな文字は太字のペン
② 中くらいの文字は中字のペン
③ 小さな文字は細字のペン

を使って、書いていけばいいというわけです。
ねっ！　これならできそうでしょ♪

お客さまの目は真っ先に大きな文字へいく。特に新商品など
商品名を覚えてもらいたい場合は、文字を大きく太く書こう！

⑤ 悩まない「色」選び

　ちょろこはコトPOPをつくるとき、ほとんどが手書きです。でもパソコンPOPもたまにはつくりますよ！

　手書きの場合、色はペンの色を選ぶだけだけど、パソコンの場合はなんか無限に色がたくさん選べちゃうから、ついつい、いろいろな色を使いすぎちゃって、はっと気がつくとゴチャゴチャで文字が読みにくくなっていたりする……。

　問題はそこ!!!　結局、お客さまの**見やすさ・読みやすさが一番大事**なんだから、悩まず、選ばず、**文字の色は黒**！　これで決まりです。ただし、一番強く伝えたいところは、赤・青・黒など目立つ濃い色にすると、訴求力がアップします。大きくて太いキャッチコピーは商品や季節によって**それらしい雰囲気の色**に合わせたりしますが、あまり淡い色は使いません！

「シャカシャカ フリフリ」以外の文字は、全部黒にしている。
黒は、イラストの色彩にも負けず、よく目立つ色。

⑥ 次はとっても便利な「POPパターン」

　「ちょろこ流」のコトPOPは、POP用紙の周りを**ラインで囲む**ことが多いです。この囲みがあると、なんか心が落ち着くというか、**安心感が出る**んですよね〜(＊´ 艸 `)

　文字が外へ逃げちゃわないので、**まとまり感がある**というか。直線や波型、ギザギザのライン、囲み、フキダシなどの「POPパターン」があると、動きが出て、そこにお客さまの目線が集まって、注目度も一段とアップすること間違いなし！ です。

　ただし、ひとつだけ注意しなくちゃいけないのは、

POPパターンの使いすぎはＮＧ

これだけです。ホント‼

直線や曲線などの「ライン」はその上の言葉を強調したいときに、
また「フキダシ」は特にお客さまの目線を集めたいときに使う。

みなさん、いかがでしたか？　ここで**ちょろこ流コトPOPのポイント**をまとめてみました (^^)/

①**ライン**を入れます

②**キャッチコピー**を記入
　サブキャッチコピーがあれば添えるように書く

⑤**イラスト**
　キャッチコピーと
　商品名の
　パラパラな
　雰囲気の
　イラストを
　入れる。

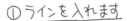

パスタに！　和えものに！
いつものメニューに
パラパラかけるだけ♪

シソ科のえごまの良さが見直されています。
手軽に食べやすいつぶつぶタイプは使いやすくてとっても便利ですよ♪

焙煎
パラパラ
えごま

④空いたスペースへ
おすすめの理由
見やすく書く

③商品名を書く場合
右下でも左下でも
決まりなく記入

　この商品は私が気に入って、バイヤーの方に仕入れてもらったものです。なので、売れてもらわないと困るので、すぐにコトPOPを書きました（笑）。
　えごまが簡単に食べられる感を出してみました。
　イラストもいい感じに**パラパラを表現**できていると思いませんか(*^▽^*)

⑦ そしていよいよ最後は「取り付け」

　コトPOPを失敗せずつくり終わったら、ホッとひと安心するけど、まだこれでOKじゃないんですよ。
　売場に付けてこそ、コトPOP！
　そして、商品が売れてこそ、コトPOPなんです‼

自分でつくったものは、自分で売場に付ける！！

　これが一番です！
　自分で売場に付けると、お客さまからそのコトPOPがちゃんと目立っているかどうかが見えてよくわかるので、次にコトPOPをつくるときに、すっごく参考になりますよ♪
　それに、コトPOPを付ける商品や、棚に並べられている商品の状態とかの、コーナー全体も見られるでしょ‼
　一石二鳥ではありませんか (^O^)／

　というわけで「ちょろこ流コトPOPのつくり方」はこれでおしまいです。次に、実際にちょろこがつくったコトPOPをいろいろ見てくださいね！

原材料や製法にとことん こだわった あと味すっきりの 美味しさです!

美味安心
焼き肉のたれ

贅沢極まりないジャムです
果肉まるごとゴロゴロ♪
フルーツソースを食べてるみたいです!
贅沢すぎてゴメンナサイ

美味安心 ブルーベリージャム <150g> 498円

美味安心
こんがりカシューナッツ

しっとりカシューナッツ♪が
サクサク生地に包まれると…
この食感たまりませーん!
となります♥

大人チックなママレードです
ほろ苦で 軽〜い甘さ♥
そのおいしさに感激です!
まるでコンポートのようです♥

美味安心 日向夏マーマレード <155g> 498円

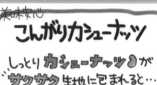

おむすびの具にぴったり♪
さらに!
味付のりで巻くと
うまさ
一口瞭然!(ひとくちりょうぜん)

味付のりと相性バツグン
味付のりをパラパラ…
そぼろごはんに
うますぎっ!

クリームチーズとごま油と酒盗の三つ。まぜるとおいしい酒のあて。お酒がとってもすすみます。

カリカリ梅ごはん

しその風味そのものが味わえる
おいしいふりかけです。
我が家は、これにハマって
あたたかいご飯にかけまくってます!
これだけでご飯2杯はいけるかも

えごまドレッシング

毎日の食事の中で『えごま』が
手軽にいただけます!
こんな商品が欲しかったんですよね〜♪
良いもの見っけ! →な一品ですよ〜

自分の体験を通じて思ったコト、感じたコトを自分の言葉で書いているため、お客さまとの距離が近い。

ちょろこの「こんなコトPOPもあり」な実例集

　売場の棚にふつうに付けたコトPOPだけでなく、いろいろな取り組みやさまざまな素材で展開したコトPOPもありますよ！

① コミュニケーション コトPOP

　ある日、レジチェッカーの自分たちが生鮮のコトPOPを書こうと思ったとき、詳しい知識がないことに気がつきました。

　それならば……と、レジチェッカーの取り組みのひとつとして、御用聞き的な感じで各部門に調査に行くという計画を立てて実施しました。

　内容はとっても簡単で、メモ用紙に旬の商品名を書き出し、その商品の特徴や使い道、調理法、保存法……などを**担当者に直接インタビューする**といったスタイルです。担当者のほうでも知らないことは当然出てきますので、期限を決めて後日また聞きに伺います。

　そうすることで担当者もその商品について調べてくださり、そ

お客さまがいつも知りたいことは、プロならではのヒントやアイデアを盛り込んだ提案だ。

の結果、お互いに商品知識が身に付き**一緒に成長**することができました。そして、その調査内容を、自分たちがコトPOPにしてそれぞれの部門に掲示することで、コトPOPの枚数も順調に増えていきました。

　なんといっても、部門という壁を越えたコミュニケーションを取ることができたことが、うれしい取り組みとなりました。

② 階段コトPOP

　階段にコトPOPを掲示することになったきっかけは、店舗の改装でした。改装を機に、お客さまにアンケートをとったところ、その中のひとつに「屋上駐車場への昇降がすごくストレスである」というのがありました。

　私たちの店舗にはエレベーターもエスカレーターもありません。改装時にぜひ取り付けてもらいたいと思ったのですが、店舗のレイアウトなどの問題もあって断念せざるを得ませんでした。そこで私たちは、**お客さまのストレスとなっている階段の大変さを少しでも軽減できないかな**と考えたときにひらめいたのが「階段コトPOP」でした。

　階段コトPOPは、季節の行事などに合わせて展開させていきました。すると、お客さまから**「階段のPOPを楽しみにしています」「次はなにに変わるのかワクワクして通っています」**などのお手紙や声かけを、たくさんしていただくようになったのです。

　これこそが商売人として本当にうれしい、**お客さまからのラブレター**を受け取るような瞬間なんですよね。

　階段の昇り降りのストレスを減らすため、また、来店される動機付けのひとつになるように始めた取り組みを、お客さまにわ

かっていただけて、本当にうれしくなりました。階段のある店舗ならば、ぜひ取り組んでみてはいかがでしょうか。

　自分たちが楽しんで取り組んだ結果が、お客さまを感動させる取り組みへと変わるのが、コトPOPだと思います。

上は、この年の干支に合わせた「牛占い」の階段コトPOP。お正月シーズンにおみくじを引く感覚で楽しんでもらえた。下は、筆文字で雰囲気を出した、階段コトPOPのそれぞれ。買い物をストレスフリーにするために、コトPOPにできることはたくさんある。

この年の干支である「丑年」に合わせて、年明け早々に作成した階段コトPOP。

テーマは「牛占い」です。

お正月に一年の願いを込めておみくじを引く方もいらっしゃるかと思いますが、そんな雰囲気を階段で楽しく、おもしろく、クスッと笑えるように再現しました(^o^)／　そして、占いの結果はすべて良いことばかりを、洒落っ気たっぷりに書きました。

お客さまや従業員にも大好評な、「牛占い」の階段コトPOPでした♪

③ コト人間

意外と簡単でインパクトのあるのがこちら。父の日 (6月の第3曜日。例年6月15日〜21日の間になる) の取り組みのひとつとして「コト人間」を手がけてみました。**売りたい商品のコトPOPを従業員の背中に貼るだけ**なのですが、かなりインパクトがあったようです。この「コト人間」は自然と進化していき、名札の下にコト

複数のスタッフが「コト人間」となることで、お店全体が盛り上がる。
売場だけがコトPOPを付ける場所じゃない。

POPを付けてみたり、帽子に付けてみたりと、インパクトを出しつつ効果のある取り組みへと進化していきました。

　お店全体でできるとかなり楽しいイベントとなって盛り上がるので、おすすめします。

　でも考えてみたら、「コト人間」って、ここで紹介した父の日の催事のように、体にコトPOPをペタペタ貼っている人ばかりではありません。鮮魚売場に来たお客さまに声をかけ、おすすめの商品とその理由や食べ方など、たくさんの提案を持っている人も、やっぱり「コト人間」なんじゃないかと思います。

④ 床コトPOP

　父の日に食品部門とレジ部門がコラボして、サントリーの「黒烏龍茶」を売り込んだことがあります。お父さんのメタボ対策を応援するのに、ピッタリな商品だったからです。

　店内に入った瞬間から最終通過点のレジまで、すべてが黒烏龍茶一色の売場になりました。

　レジでは、お客さまに驚きと感動を与えたいと思い、メーカーさんからタペストリーをたくさんもらってレジ上に吊るしたりして、父の日の一大イベントというお祭り気分を演出しました。

　さらに床にまでコトPOPが登場！

　黒烏龍茶のイラストを貼り、買い回りをしているお客さまを、黒烏龍茶の**売場まで誘導**する作戦です。ここまでやると売れます（笑）。

　イベント時には、お客さまを「ウァ～!!!」と言わせるまでトコトンやることがとても大切なんだということを、体験を通して学んだイベントでした。

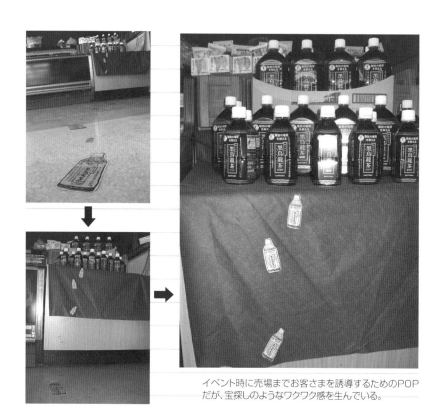

イベント時に売場までお客さまを誘導するためのPOP
だが、宝探しのようなワクワク感を生んでいる。

　もうひとつは、リニューアルオープンした店舗の床に貼り付け
た、**卵の床コトPOP**です。リニューアルを機に今までと売場が
ガラッと変わってしまい、お客さまに卵売場がわかりづらくなっ
ていたのです。

　「卵ってこの辺にあるはずよね……」と思ったところで、お客
さまはみなさん一様に、近くにいる従業員に卵売場はどこかを尋
ねます。その結果、そのつど売場まで案内をしている従業員の仕
事に支障が出始めたので、どうにかしてほしいと店長に相談され
たんです。

　そこでひらめいたのが「**ニワトリ→ひよこ→卵**」の順にイラス

トを床に貼り付けて、お客さまを売場まで誘導するといったもの。お客さまにも大変好評でした。特に小さなお子さまにとっては、ニワトリの足跡をたどっていくことが**まるでアトラクション**のようになり、本当に楽しんでもらえました。

　もうおわかりのように、店舗のすべてがコトになるんです。

　ただひとつ、気をつけてほしいのが**お客さまの足元の安全**です。床に貼る面が大きいと、雨の日などはPOPの上で足を滑らせてしまうこともあるため、細心の注意が必要です。

卵売場へとニワトリの足跡で誘導。ニワトリ→ひよこ→卵と、成長過程の逆をいく、やわらかい発想も楽しい。

　私が使用していた黒板は**A型黒板**です。

　両面に書けるタイプのもので、片面にはお店の情報を、反対側には「自分から発信のつぶやき」みたいなコトを、出勤日に更新する形で書いていました。

　ほぼ毎日更新している日記やブログのようなものであって、**お店とは直接関係のないこと**をわざとテーマにして書いていました。それがかえって良かったと思っています。

　日常的なちょっとクスッと笑えるコトや、身近で出会ったコトや励ましのコトなど……。

　そういったものを常に発信していると、黒板コトPOPを読ん

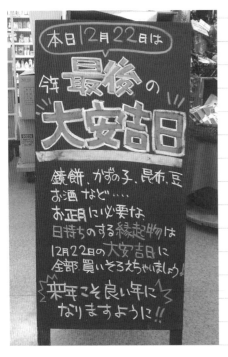
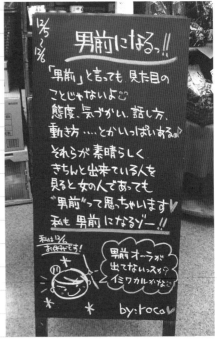

ボジョレ・ヌーボーは解禁日までのカウントダウンにワクワク感がある。
黒板コトPOPにコトPOPを上貼りすれば、臨場感もさらにアップ!

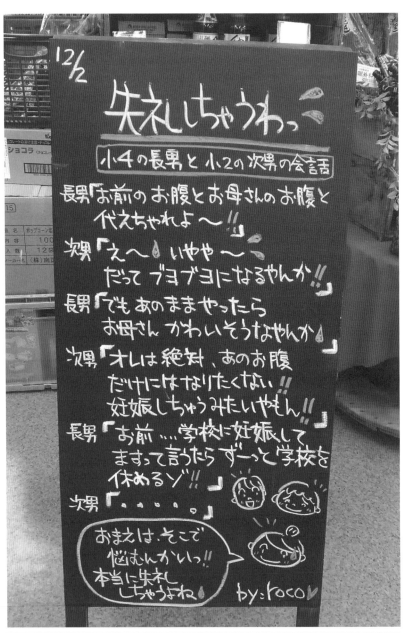

日常の中のクスッと笑わせるエピソードで親近感を生み、お客さまとお店の距離をグンと縮めている。
もっと読みたくなるコトPOP。

でくださったお客さまが、わざわざ私のところへ来て、声をかけてくださることが多くなったのです。

　そうしたことがお客さまとの会話の糸口となり、コミュニケーションが図れました。

⑥「人で売る」手書きコトチラシ

　以前、私たちの会社のホームセンターで、商品配達を行っていたことがあるのですが、

　「せっかく時間をかけて（往復に1時間以上かかることもありました）配達に行ったのに、**そのまま帰ってくるのは、もったいないのでは？**」

　という意見が出ました。

　「そのとおり！」ということで全員一致で即決だったのが、**手書きのチラシを制作して、配達先のご近所20軒ぐらいにポスティングして帰ってくる**という、

「出かけたら、ただでは帰らない」作戦

とも言うべき取り組みでした。

　そのときに出た意見は、やはり「人で売っていこう！」といったことでした。

　出来上がったチラシは、名刺代わりにもなるように自分たちの似顔絵のイラストを中心に入れ、お店のことを紹介するものです（次ページ参照）。

　ポスティング後は、チラシに記載していた商品の問い合わせが倍くらいに増えて、まさに大成功の結果となり、これには自分た

親近感を高めるために効果抜群の似顔絵。フキダシを使った商品紹介などは、
直接話を聞いているよう。

ちも大喜びでした。言ってみれば、これも「もう一人の販売員」ということです。

⑦ コトDVD

　コトPOPでは伝えきれないことも、コトDVDなら伝えられることもあります。

　クリスマスに手づくりケーキの提案をすることになり、スポンジケーキやホイップクリームやケーキの飾りなどを売ることになりました。

　どんなふうにコトPOPを制作したら、手づくりが「意外と簡単」というのが伝わるのかな……と考えていたとき、ピーンとひらめいたのが、**当時小学2年生だった息子に一人でつくらせる**というアイデアです。

　息子がケーキをつくる姿をビデオで撮り、
「小学2年生のはるかくん、初めてのケーキづくりレポート」
　と題して店内で放映しました。

　するとまず、同級生の子供さんがお母さんの手を引いて見に来

てくださり「私もつくりたい〜！」という現象が起きました。これって素晴らしい成果ですよね（笑）。お客さまに足を止めて見ていただくためには、**音と動きのある「コト」**は効果大です。

　視認性アップ！ で、足を止めてくださる率アップ！ な初のコトDVDは大成功！

　コトPOPは書くだけでなく、動画も大いにアリですよ。

売り切る力を持とう！

　商品を売り切るために、やれることはたくさんあります。

　そのひとつとして、コトPOPを活用したディスプレイで、はじめから積極的に、お客さまに「引っ越しシーズンに合わせたご近所へのご挨拶用のギフト」の提案をしました。

　なにになにしようかと**決めかねている「お客さまの悩み」を、店員である私たちが解決してさしあげることで売り切る**ことを目指します。

　食品には賞味期限が設定されていますよね。その賞味期限が近づいても、そのままなにもせずにいたら売れ残ってしまって、最終的には廃棄処理になること必至です。ちょろこはとにかく商品を売り切りたい気持ちが強いので、そうなる前に、ちょっと商品に手をかけてあげようと思いました。

　そこで出番となったのがコトPOPです。

商品を売りたいのなら、とにかくコトを書く！

　商品の良いところについてのアピールをはじめ、食べた感想、

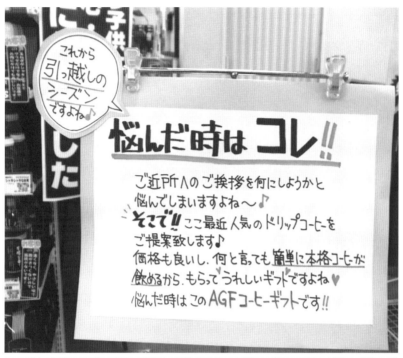

人は悩みがあっても四六時中それを意識しているわけではない。そこで
こちらから気づかせることがとても大切。これが購入の後押しとなる。

もらったらうれしいと思う気持ちなどを書くのもありです。そう
やっていろんなコトを考えて書いているうちに、いろいろなアイ
デアが浮かんできます。

　以前、商品を仕入れすぎたときに、そのことを**正直に書いた**
ことがあります。

　　　「実はいっぱい仕入れすぎちゃったんですよ。
　　　このままでは店長に叱られてしまいます。
　　　買ってください。お願いしま～すm(＿　＿)m」

……って(笑)。こんなコトPOPじゃ商品は売れないかも？　って思いますよね。でも、お客さまにとってはインパクトがあったのか、足を止めて読んでくださったあと、「コレください」と声をかけていただけました。

　今までにこんなコトPOPを見たことがなかったのでしょう。意外性で売れたんだと思いますが、**結果、完売できた**思い出深い取り組みです。

　もちろん、その１枚のコトPOPは効果があったと思います。

　でも、完売へと後押ししてくれたのは、やはり**日ごろから大切にしてきた、お客さまとの関係性**。それがあればこその、この結果だと思っています。

　私が考える「売り切る力」とは、決して一人の力ではありません。商品がつくられてから店頭に並ぶまで、その商品に関わった人たち**すべての思いが結集されたもの**なんだと思います。

　コトPOPを書く私は、みんなの代表です。だから、これから並べる商品を見たときに、**どんな想いをコトPOPに書いてあげようかな**とたくさん考えます。

　まずは書いてみること。そして続けていくこと。続けていくことによって結果が表れ、結果を出すことによって周りを巻き込んでいくことができます。

　そうなると、コトPOPはどんどん増えていって、お店の空間が楽しくなってくる。お店がどんどん楽しく変化していくことで、もっとお客さまが集まってくるお店になっていきます。それが売上げアップへとつながっていくのだと思います。

ちょろこの「ひとコトPOP」の書き方

「すぐにでも書いてみたいって思うけど、やっぱりコトPOPはハードルが高くて書けないのよね」と思っている方でも、**「ひとコトPOP」**なら簡単に始められます。

「ひとコトPOP」とは、**商品についてのちょっとしたつぶやき**です。たとえば、みなさんの家庭で使っているドレッシングがなくなったとします。スーパーマーケットに買いに行ったとき、棚にドレッシングが数種類並んでいたら、どれを選びますか？

ふつうはいつも買っているものに手が伸びますよね。でも、その中の1種類だけに、

**「発売して1カ月、あっという間に
売上げNo.1になりました！」**

という「ひとコトPOP」が付いていたとしたらどうでしょう？　当然、**お客さまの目はそこにいくはず**です。

発売して1カ月で一番売れているドレッシングであっても、それにもし「ひとコトPOP」が付いていなかったら、お客さまは今までどおり「いつもの」を買ってしまったでしょう。「ひとコトPOP」があることで、そ

の商品を目立たせただけでなく、**お客さまの興味を引き出すことができる**というわけです。

　まずは気軽に、自分が売場にいるような気分で、目の前にいるお客さまにひとこと声をかける感じで書いてみましょう。

「キムチ嫌いの夫が今、これにハマっています！」

「どうしよう！ ご飯のおかわりが止まらない〜」

「お客さまから熱烈注文があった商品です」

「子供が『アレ買ってきて』って言う商品がコレ！」

　など、こんなひとことを書くだけでOK！
　これだとコトPOPを書き始めるという気負いが少なく、簡単にチャレンジできますよね。

　『生協の白石さん』（講談社刊）という本があります。
　この本は当時、東京農工大学の学生と大学生協の白石さんがやり取りしていた「ひとことカード」の傑作集です。
　「牛を置いて！」「愛は売っていないですか？」
　などの**むちゃな質問**に白石さんが**ひたすらまじめに、しかもウイットたっぷりに**答えを返しているのがおかしくて笑っちゃうのですが、私はこれ、絶対「ひとコトPOP」づくりのヒントになると思いました！

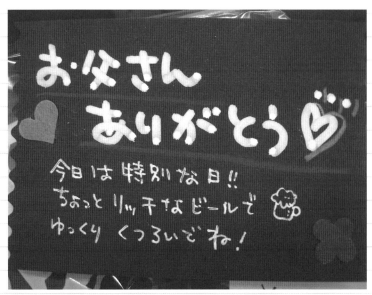

ついつい忘れがちな父の日も、ひとコトPOPがあれば気づきが生まれ、
商品の購買動機になる。

誰かをターゲットにしているわけでもない。ふと、つぶやいたひとことが、
思わずお客さまの足を止めることも。

手軽にサッ
液体なので
素材とからめやすい

料理にサッ
さわやかなアクセントに!
味をひきしめてくれます。

これ
おいしい辛!(カラ)
森ソース
国内産ハバネロを使用した
おいしいハバネロソース。
どんなメニューにも合う
万能調味料です。

・トーストにぬって
・ケーキにはさんで
・ヨーグルトにまぜて
・クラッカーにのせて
食べ方いろいろ♪

美味安心のジャムには
こだわりがギュッ♡と
詰まってます。
(優しい甘み…)
ジャム

美味安心シリーズは
無添加
無着色です!
安全で
安心できる
商品なんです♪

アンヂョビペースト
オリーブオイルとこの1本で
アンヂョビパスタソースが
かんたんに作れます

トマトクリームソース
料理が苦手…
そんなあなたの
強い味方です!!

ガーリック&トマト
茹でたパスタに
からめるだけで
十分すぎるほど
おいしいパスタ
ソースです!

バジルパスタシーズニング
パスタにかけるだけで
手軽にイタリアの味を
楽しめます。
OW! ITALY

しょうがしょうだー
お湯で溶かして"しょうが湯"、
紅茶に入れると"ジンジャーティ"に♪
色々と楽しめますよ

小さい用紙にひとこと、思いついた言葉をパッと書けばできる。
初めてのコトPOPはここからスタートしよう。

こんな「ひとコトPOP」が書けたらなぁ～と思います。お時間のある方はぜひ一度、読んでみるといいと思います。

最後にちょろこから みなさまへメッセージ♪

いかがでしたか？　私がつくってきたのはスーパーマーケットのコトPOPでしたが、業界・業種は変わっても商品を販売しているすべての人にとって、コトPOPの考え方、つくり方は同じだと思います。

私がここまで継続できたのは、やったことに対してお客さまが楽しんでくださったからです。

そして、周りの仲間たちがこんなちょろこの背中をいっぱい押し続けてくれたからです。それが今でも進化し続ける私の活力源となっています。声をかけてくれている人たちがいる限り、これからもどんどん楽しいコトを発信していきます！

そして、この本を読んだみなさんの中から、明日はどんな「○○流」が生まれるのか、とても楽しみです。

◆ パートさんがコトPOPを書くと お店が繁盛する法則

①パートさんにこそコトPOPを書いてもらう

　ちょろこさんのコトPOPのつくり方、とても参考になりましたね。実際に本当に楽しみながらコトPOPをつくり、売上げにも貢献しているちょろこさんの言葉には重みがあります。

　楽しみながらのコトPOPづくりという話に関連して、たとえば時給1000円のパートさんの貴重な30分を使ってコトPOPを書いてもらう。この時間を「無駄な時間」あるいは「無駄な経費」と考える人も多いと思います。

　しかし、このパートさんがつくったコトPOPのおかげで200個の商品が完売できたら、単純に考えて、経費は500円で済みます。

　一方、なにも付けないで値引き販売となってしまった場合、たとえば1個50円の値引きで15円の利益を損失したり、売り切ることができずに廃棄処分になってしまったり……ということもあります。メリットが高いのはどちらでしょうか？

　効率化や生産性を求める現場で、**コトPOPをつくる時間をつくり、人を育てて商品を売る**。この考え方はとても大事だと思っています。

　あらかじめコトPOPをつくる時間が確保されていれば、誰にも気兼ねがなくなり、パートさんにも気持ちと時間の余裕が生まれます。すると、前もってなにを書くかを決めておいたり、内容を事前にまとめることもできて、制作時間の短縮にもなるというわけです。

144

今までにつくったコトPOPを貼り出して共有。レイアウトやコピーに悩んだとき、とても参考になる。

コトPOPの制作現場はこんな感じ。みんな一生懸命だ。

コトPOPをつくる部屋の壁やパーティションに、それまでにつくったコトPOPを捨てずに貼っておけば、それだけで新人がコトPOPを書くときの参考になります。ぜひ試してみてください。

　また、コトPOPには、アルバイトを含めて、とにかく全従業員で取り組むことをおすすめします。そうすると、お店全体のモチベーションアップにつながるばかりでなく、コトPOPの制作レベルが上がり、売上げも必然的に上がっていきます。売上げが上がれば従業員のやる気だって大いに盛り上がるのです。

　商売を行ううえで理想のサイクルが、コトPOPから生まれるということを、みなさんにぜひ知っていただきたいと思います！

② 店長やリーダーは時間をつくる

　実際にコトPOPに挑戦しようと思ったとき、POP専門の担当でもないパートさんが、どのタイミングでコトPOPに取りかかるかということは大問題です。限られた時間（契約時間）の中の現場で働いている方はみんな、同じ悩みを抱えているのではないでしょうか。

　勤務シフト表へ自分で書き込める（権限を持つ）人はほとんどいません。

　今これを読んでいる店長や部門リーダーさん！

　コトPOPの重要性に気づかれたなら、ぜひ先頭に立ってコトPOPの制作時間を捻出してください。シフト表に書き込むことができれば、段取りよくコトPOPに挑戦できる時間を増やすことができます。

ここで大事なことはなにかと言うと、同じ職場で働く同僚など、チーム全体でコトPOPが制作できるように、**みんなを「巻き込む」こと。**

そして、そのきっかけとして、**店長や部門リーダーが率先して時間をつくること。**

時間は有限。だから、使い方ひとつで大きな効果が期待できるコトPOPを、最大限活用しない手はありません。

③ リーダーは「結果」を伝え、パートさんは「反応」を確かめる

スーパーマーケットに限らず、すべての小売店の売場のリーダーおよび店長にお願いです。

パートさんにコトPOPを書いてもらったら、売上げという結果を必ず教えてあげてください！

売れた、売れなかったということが問題ではなく、コトPOPを書いたパートさんが意欲的に次のコトPOPに挑戦するために、**結果を伝えることが大切**です。

商品が売れれば当然モチベーションが上がりますし、売れなかった場合は**売れなかった理由を一緒に考える**ことで、コトPOPのレベルアップはもとより、パートさんの成長が期待できます。

また、コトPOPを書いたパートさんも書いたら終わりと思わず、その後の商品の売れ行きやお客さまの反応を売場で確かめてください。コトPOPを付けたことで商品の動きが変わっていくことを知るのはとても楽しく、日々の仕事に張り合いが出てきますよ。

　この連続がパートさん自身のやる気を引き出し、商品のことを積極的に調べたり、売場のことを気にするようになるなど、現場に活気が生まれてきます。

　さらにもうひとつ、コトPOPを始めることのメリットとして、リーダーとパートさん、両者の間のコミュニケーションがより深くなります。

④ 学んだことをみんなに伝えよう！

　研修などでコトPOPを学び実践しているパートさんや社員の方は、**コトPOPの考え方、つくり方のヒントやその取り組みを**

自ら仲間たちに広げ、共有することが重要です。

　そうすることでパートナーシップが生まれます。さらに、考え方やテクニックを切磋琢磨することで、コトPOPのレベルアップはもちろんのこと、コトPOPが付いている楽しいお店は必然的に売上げも上がっていきます。コトPOPによって結果が出れば、現場のやる気が大いに盛り上がるのです。

　商売を行ううえでの理想のサイクルが、こうしてコトPOPから生まれるということを、みなさんに知っていただきたいと思います。

コトPOPの経験やテクニックを共有するため、
社内で行われている勉強会。ここまでできると
素晴らしい!

二代目の商品にかける強い想いを伝えることで、このはちみつの特別感を表現。「人気No.1」のひとことが一度食べてみたいという興味をそそる。**長坂養蜂場（静岡県）**

キャッチコピーを使い、問いかけることで、お客さま目線を見事に商品まで誘導することができた。あんこを詰め込まれ、困ったようにも見えるイラストのどら焼きの表情も絶妙！
これっしか処（静岡県・掛川駅構内特産品店）

第7章

「もう一人の自分」
を生み出す達人たち

全国にコトPOPをつくっている人はたくさんいます。つくり手はもちろんのこと、お店や、商品や、売り方が変われば、当然コトPOPの伝え方やスタイルも変わってきます。

これから紹介するのは、自らの情熱とアイデアでお客さまの心をぐっとつかむ「もう一人の自分」を生み出した人たちです。

そのスタイルは今までの常識にとらわれることのない、オリジナルの発想によるもの。彼らのコトPOPは、もちろん現在進行形です。

杉浦大西洋さん
一期家一笑（愛知県）
商品のことを
考え抜いてつくるコピーが、
共感を呼ぶ

テレビや雑誌、同業者からの見学が後を絶たないスーパーマーケットが、愛知県豊橋市にある「一期家一笑」です。

親近感あふれる接客、足腰が弱ったとあらば冷蔵庫の中まで商品を届ける柔軟で軽快なフットワーク、「商品の良さをもっともっと知ってもらいたい！」ということをきっかけに、**並々ならぬ努力と情熱でつくられたコトPOP**は、商圏内で絶大な人気を博し、全国から注目されるスーパーマーケットになりました。
この店の3代目で店長の杉浦大西洋さんがコトPOPの担当です。

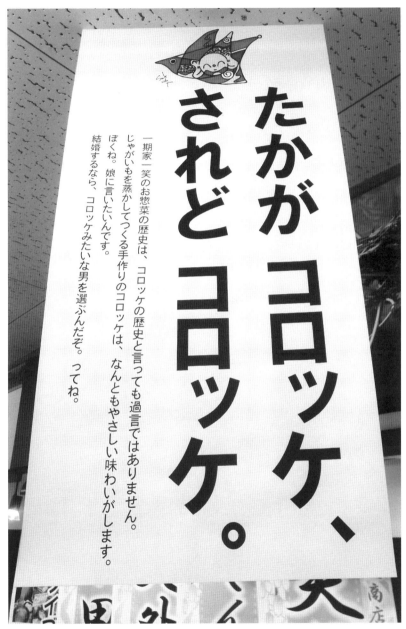

たかが コロッケ、
されど コロッケ。

一期家一笑のお惣菜の歴史は、コロッケの歴史と言っても過言ではありません。じゃがいもを蒸かしてつくる手作りのコロッケは、なんともやさしい味わいがします。

ぼくね。娘に言いたいんです。

結婚するなら、コロッケみたいな男を選ぶんだぞ。ってね。

「されどコロッケ」に、このお店のコロッケに対する並々ならぬ
こだわりが感じられ、期待感がアップする。

多くの人がまねしたくなる杉浦さんのパソコンコトPOPには、2つの大きな特徴があります。

それは、「お客さまの心をつかむコピー」と「写真の使い方」。特にそのコピーは言葉の選び方にオリジナリティが光り、完成度も高く秀逸です。その杉浦さんがコピーづくりで気をつけていることを聞くと、

- **言葉の語呂** (リズム) **がいいこと。**
- 組み合わせた言葉に**意外性がある**こと。
- **本当に伝えたいことだけ**を残し、余計な言葉をそぎ落とすこと。
- **絶対にやってはいけないのは**、お客さまに対して「教えてやろう」 というような**上から目線のコピー。**

という明確な答えが返ってきました。

シリーズ化された野菜売場のコトPOP。売場に統一感が出てすっきりする。
コトPOPにも商品画像が入ることで、商品の存在感がより際立つ。

にんじん

野菜のなかでも、カロテンという栄養素が、ダントツに多いのが人参です。料理に彩を加えるだけでなく、栄養面からみても、食卓に欠かせないお野菜です。表面がなめらかで、形がよいものが良品です。

・サラダ
・煮物
・シチュー
・スープ
・きんぴらなどに

たまねぎ

辛味、甘味、旨味の揃った、台所の必需野菜です。新たまねぎは辛味が弱いので、生食にもおすすめです。煮込み料理などに、旨味を加えたいときは、塩を一つまみ入れてから、じっくり炒めるとおいしくなります。寒さに弱いので、保存は風通しの良い、常温で。

・サラダ
・炒め物
・煮物
・親子丼
・シチュー
・グラタンなどに

お客さまはこうした1枚から、基本的な野菜の知識やメニュー提案を受け取ることができる。

では、杉浦さんのようなコピーをつくりたいと思っている人は、どんな心構えで、どんな勉強をしたらよいのでしょうか。

「貼り出してもお客さまが読んでくれるという確証はありません。そのため、**読んでくれないことを前提に、なんとか読んでもらうための工夫をすることが必要**です。

コピーのヒントは、テレビや街中のさまざまな広告、書店に並ぶ本のほか、お客さまやスタッフのおしゃべりなど、**あらゆる場所に隠れて**います。

言葉の語呂合わせを勉強するために川柳(せんりゅう)の本も読みましたね」

とのこと。また、

「僕は商品を売りたくてしかたないんです。だからお客さまに、**なぜそ**

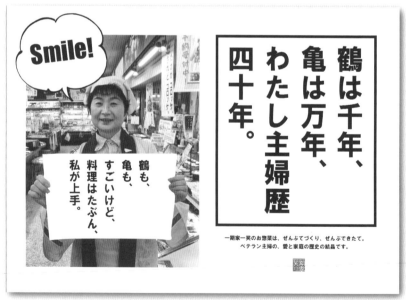

人気の手づくり惣菜のおいしさや安心感を、リズムのあるコピーで伝えている。
担当スタッフの笑顔にも心が癒される。

すいか割り
手加減しろよ
食えんだろ

すいかのおいしい季節になりました。
ここらへんで生ごみの日は、火・金曜日。
前の日には、すいかをたくさん食べましょう。

日本人になじみの深い五・七・五のリズムのコピーが心に残る。すいかの皮を
生ごみとして出す日を伝える地域密着の裏ワザに、思わずクスッと笑った。

の商品の価格が高いのかの理由を伝える必要があるんです」

　それはどのようにして？

　「**こだわりの〇〇、だけではもう売れません。**なので、とにかく商品のことをいっぱい考えて、**お客さまの心のフックにひっかかる言葉**を探し出します。

　商品に関心を深く持っていると、お客さまが売場でつぶやいたちょっとした商品についての感想も耳に入ってくるものです」

　一方、一期家一笑のコトPOPは、ビジュアル面でもお客さまの心を動かす工夫があります。中でも「よく撮影を許可してくれたなぁ」と思うほど迫力のある、大きく引き伸ばされた笑顔満面のスタッフの写真は圧巻。
「1年越しでくどき落としました（笑）」と、写真のスタッフと同じようなニコニコ顔で杉浦さんは言います。

　一期家一笑のコトPOPがこれだけ注目を集めるのは、**個性的なコピーとデザイン性の高さゆえ**なのですが、これは天性のものというよりも、杉浦さんの努力のたまものなのだと思います。

　休日でも常にアンテナを張りめぐらせ、コトPOPづくりに役に立つものがないかを探している杉浦さん。誰もが憧れる杉浦さんのコトPOPは、**商品のことを考えている時間の長さが日本一**だからこそ生まれたのだと僕は感じました。

「ガリッ」というオノマトペを入れることで、よりリアルに商品の
硬めの食感を伝え、お客さまの購買意欲を強く引き出した。

みや ざわ きょう へい
宮澤恭平さん（※）

ビック酒販（東京都）

コトPOPを読むと
100倍ワインが
楽しくなる

「若者のビール離れをどう食い止めるか」という問題に酒類メーカー各社が頭を悩ませる中、コトPOPで着実に売上げを伸ばし、ファンを増やし続けているのが、東京・新宿にある「ビック酒販 新宿東口店」です。

ビック酒販は**創業当初から取り入れてきたコトPOP**で、お客さ

和と洋の思いがけない組み合わせを提案することで、お客さまの
ワクワク感が一気に高まり、「自分も体験してみたい」と思わせる。

まにお酒の味の特徴や新しい飲み方などさまざまな提案をし、お客さまが商品を選ぶ際の手助けをしています。

　この店で中心となってコトPOP制作をしていたのは、当時の主任でワイン担当の宮澤 恭平さんです。宮澤さんは売場に、ブラックボードを使ったものや小さなフキダシ型など、本当にたくさんのコトPOPを書いて付けていました。

　制作時に一番注意することを聞いてみると、

- まず**お客さまから見てどうか**を考えること。
- **自己満足にならない**ように気をつけること。
- お客さまに**わかりやすいコピー**をつくること。
- コトPOPを付けたときに商品を隠すことがないかを、事前にチェックすること。

　といった「コトPOPの基本を決してはずさない」明確な答えが返ってきました。

　制作前には、コトPOPを付ける場所にブラックボードを必ず置いて、**どんなサイズのコトPOPがいいか**を判断するそうです。

　さらに、宮澤さんのコトPOPには、「なるほど！」や「そうなんだ！」と思わせる情報がたくさん詰め込まれているのですが、これらはどうやって生み出されたのでしょうか。

　「配属時はワインのことがよくわからず、先輩に聞いたり、お客さまに教えていただきました。わからないことがあれば、そのとき、そのとき自分で調べ、それが積み重なって知識が増えていきました。もちろん、お酒に関する本も読みますが、食をテーマにしたマンガの中のワインと食事の組み合わせを参考にすることもあります」

　やはり情報収集は欠かせないようです。

試飲カウンターに設置されたコトPOP。ここで飲める
という意外性と氷点下という希少性が人気を呼んだ。

一方、このお店には「付けると必ず売れる」という、ブラックボードを瓶に見立て、カットアウトした**伝説のコトPOP**があります（写真下を参照）。宮澤さんが雑誌で見つけたアメリカのスーパーマーケットの売場写真をヒントにしたものですが、注目度を上げるためのこうした「もうひと手間、もうひと工夫」が売上げに直結しています。

　さらに宮澤さんのすごいところは、コトPOPを自分一人だけではなく、**周囲のスタッフまで巻き込んで制作している**ところ。コトPOPの研修会で「モノを売るのではなくコトを売る」ことの意味を学んだという彼は、コトPOP制作のリーダーとして、**つくり方だけではなく考え方を**きちんとみんなに浸透させていました。

　スタッフ一丸となって取り組むこのお店のコトPOPは、きわめて具体

味の特徴や飲んだ感想、価格の訴求までが体験談に
基づいているため、コピーすべてに説得力がある。

的なお酒と料理の組み合わせ提案や、商品を購入した後の楽しみ方を伝えているため、**お客さまが「読んで楽しい」「知って得した気分になる」情報が満載**です。だから、お客さまはコトPOPを何枚も何枚も、読みたくなります。その結果、**お客さまの滞在時間が長くなり**買上点数がアップしたとのこと。

　ビック酒販新宿東口店は、コトPOPを頼りに店内をグルグルと回りながら、**自分の気に入った商品を宝探しのように見つけることのできる**、楽しいお店に仕上がっていました。

自分の体験から得た説得力のあるコピーに加え、「牛ステーキ」を部位まで
指定しておすすめする芸の細かさも（左の重ね付けPOP）、さすがスゴ腕!

なか じま よう すけ
中島陽介さん

高崎卓球（群馬県）

クスッと笑える
コトPOPが楽しくて
何度でも来たくなる

　ほろ酔い気分の温泉卓球から朝練バリバリの部活まで、**たとえどんなレベルのお客さまが来店しても欲しい商品が必ず見つかるお店**として、ファンの信頼をガッチリとつかんでいるのが、群馬県高崎市にある「高崎卓球」です。

　1979年の創業から卓球台を完備した卓球センターを併設し、さまざまなラケットの試し打ちが体験できる店として愛されてきました。そしてなによりも、圧倒的な品揃えの商品の特徴を、お客さまに理解していた

自分の経験から、悩みの解決方法を4こまマンガの
「起・承・転・結」で提案。楽しいうえに納得感がある。

だくためのきっかけとして、コトPOPが大活躍しています。

　この店の2代目で店長の中島陽介さんがコトPOP制作を担当。

　彼のつくるコトPOPの特徴は、**「クスッと笑える、コピーとイラストのおもしろさ」** にあります。

　中島さんにコトPOP制作のポイントを聞くと、

- 基本は**手書きPOP**。
- コピーは**お客さまが「おっ!」と思うような短い言葉**を考える。
- 言葉の**リズムや擬音の使い方はマンガも参考**にしている。
- **価格表**など文字が細かく**変動のあるもの**は、きれいにすばやく修正できるよう**パソコンPOP**にする。

　という答えが返ってきました。

　手書きしたものを一度スキャナーに取り込み、それらを**組み合わせて使う**こともあるそうです。

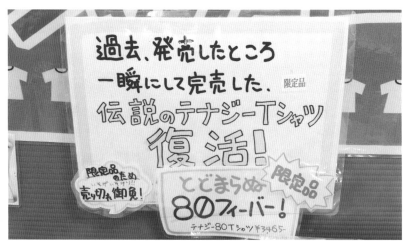

特に強調したいところに「ひとコトPOP」を重ね付けすることで、
注目度アップと限定感をアピール。

「この方法だと**修正ペンを使っても仕上がりがきれい**ですし、**文字を間違えても大丈夫**という安心感から、**勢いのある文字を書く**ことができます」と中島さん。

なるほど！　イラストなど一番うまく仕上がったものを繰り返し使うことができるので、とても便利です。

では、肝心のクスッと笑えるコピーのソースや、脱力系のかわいいイラストの発想はどこから？

「やっぱりマンガですかね（笑）」と、**元・生物教師**の中島さんがはにかみました。

高崎卓球店は国道のバイパス沿いにあるのですが、国道に面する入

スキャナーでスキャンした文字やイラストをパソコン上で組み合わせて、新しいコトPOPをつくる。これは便利だ！

口の脇にはスタンド型のブラックボードが置かれています。

　取材に訪れたときには、卓球少年、少女たちの保護者に向けたメッセージが書かれていました。店内はラケットやウエアだけでなく、卓球に関するありとあらゆる商品がぎっしりと並んでいるため、**少年、少女にとってはまるで宝箱**。おのずと滞在時間が長くなるため、同伴の保護者が**「早く決めなさい！」と子供を促す**ことがしばしばだったそう。ところが、コトPOPを掲出してから、店内で「まだ？」の声が聞か

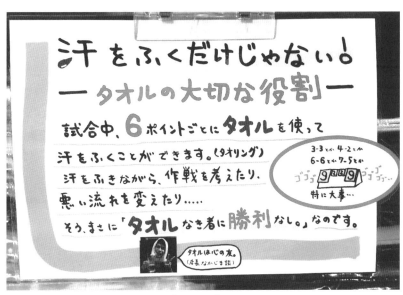

「へえ〜! 6ポイントごとの汗ふきタイムは『タオリング』という
のか」という声が聞こえてきそうだ（真ん中あたりのコメント）。

さまざまな商品に対してちょっとしたアドバイスを送ってい
る。卓球初心者のお客さまにとって「なるほど!」の連続だ。

れなくなったというから、その効果は絶大です。

　また、**クスッと笑えるコピーは安心感と期待感を生むため、初めてのお客さまも入りやすいのです。**

　中島さんがつくり出す、押しつけがましくない、ちょっとふざけた感じの言葉と、お客さまとの**絶妙な距離感**が、誰もが楽しくなるコトPOPを生み出しているのでしょう。

　さらに日々の接客の中で、どうしたら商品の良さをきちんと伝えられるかを常に考え、「なんか伝わっていないな」「だったら、こうしたらいいかな」と思ったら「**まずやってみる！**」。
　やってみてお客さまの反応が悪ければ「**またそのときに考える**」という中島さんの気負わない姿勢が、また来たくなる居心地のよさにつながっているんだなと思いました。

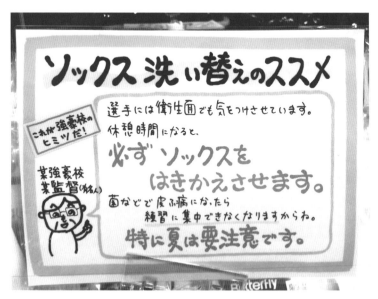

なんと「某強豪校、某監督（有名人）のヒミツ」が、このソックスにあるなんて！
お客さまの興味・関心が一気に盛り上がる。

海.プール.山…
行けなかった人。
卓球が
あるじゃないか。

1人1時間¥300-
ラケット〳レンタル
シューズ〵無料です
どなたでも
あそべます。
海パンは
お断わり。

ガーン…

え、夏ってもう
終わったんでつか…？

コロコロ
コロコロ
ノノノノ

卓球の手軽さをアピールするため、入り口前に設置されたブラックボードのコトPOP。共感させる
コピーでお客さまの入店動機につなげた。短い夏へのほろ苦い気持ちと、群馬という「海なし」の
内陸県の悲哀がちらりとのぞく？ 最後の「海パンはお断り」というオチが笑わせる。

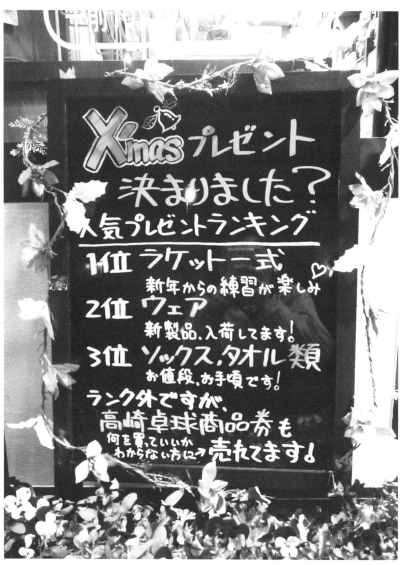

演出小物をプラスしたクリスマスバージョン。人気ランキングに添えられたひとことが購買理由になる。ランク外を入れ、さらに楽しい!!

「自腹で買って100回くらい読んだ」のひとことが効いている。卓球を愛する店長の気持ちがお客さまにも伝わり、思わず本を手に取りたくなる。ちなみに、卓球王国という出版社から2001年に刊行されたこの本は好評につき続編も出ている。

すじ の まさ み
筋野正美さん

いわい生花（栃木県）

しゃべらない
お花をしゃべらせる

　フラワーショップのPOPは花の色を引き立たせるため、**黒の紙をベースに書くことが定番**です。

　そんな中、**元気が出るようなカラフルなコトPOP**を使った提案で売上げを伸ばしているのが、鹿沼土で有名な栃木県鹿沼市の「いわい生花カスミ鹿沼店」です。

　スーパーマーケットに入っているこの店では、**お客さまが自由に花を選んでラッピングまでできる「花デコ」を企画**し、新しいマーケットを開拓しました。家族連れを中心に毎日平均10〜15人が利用しています。

　特に小学生に人気があり、子供にせがまれた親や祖父母が一緒に参加するケースが多いそうです。つきっきりの指導はせず、材料費だけで時間を気にせず自由に制作できるため、顧客満足度とリピーター率が高いイベントとして定着しました。

　ここでコトPOPを担当していたのが、現在は、いわい生花加工センター販売部に勤務する筋野正美さんです。

　カスミ鹿沼店当時、彼女は店長とはいえ、500種類の草花の管理、販売、接客をすべて一人で切り盛りしていたため、毎日が超多忙。

小さなパーツを周囲に配置し、額縁効果で中央のコピーを引き立てた。
まるでゴーヤ君の友達のようなサイズの専務（現・社長）が相当ウケる!

その合間を縫って店内の作業台で立ったまま、ほぼ毎日、コトPOPを
つくっていたと言います。
　小さいものなら10分程度で完成させるという大橋さんに、コトPOP
制作のポイントを聞くと、

- コピーを読まなくても、子供からお年寄りまで**楽しさが伝わるよう
にカラフルな色使いで形もさまざまに**つくる。

- 制作にまとまった時間がとれないことが多いため、**小さいもの**をつ
くり、小さい1枚1枚のコトPOPを**モザイクのように組み合わせ
て立体感や動き**を出し、お店の元気感や、生花のフレッシュ感をア
ピールする。

　一方、コピーに関して気を付けていることは、

写真では伝わりにくいが、カラフルな色づかいのコトPOP
なのに、そのカラーバランスで見事に花を引き立てている。

- **堅い言葉を使わない**ようにすること。

- **お客さまがクスッと笑える**ようにすること。

- キレイやカワイイといった、**花にとって当たり前な形容詞は使わないようにすること**。

との答え。コピーづくりのヒントは、「コトPOPがきっかけで始まる、お客さまとの会話の中で発見できる」そうです。

また単に花を「キレイ」とアピールするのではお客さまの心をつかめない、と考えている筋野さんは、**「それぞれに特徴のあるひとつひとつの花にピッタリな言葉を探すため、花の声が聞ける現場で常にコトPOPを書いていた」**というのです。

大きなタイトルPOPと小さなコトPOPや演出小物を組み合わせ、星雲のような売場に、七夕の季節感と、ちりばめられたキラ星のごとき、かすみ草の存在感を際立たせている。

「しゃべらないお花をしゃべらせる」ことがコトPOPの使命と考えたのは、株式会社いわい生花・岩井正明社長 (175ページに登場) です。

　リーダーがコトPOPについて深く理解する現場では、コトPOPの活用率と継続率が高く、売上げもアップすることは言うまでもありません。

　岩井さんは、筋野さんのコトPOP制作のアイデアや商売に欠かせない新しいマーケット提案を、しっかりとバックアップしてきました。

　花や緑が人にもたらす癒しや喜びをよく知る岩井さんと筋野さんは、将来的には「花デコ」が鹿沼の花文化につながり、「花好きの町、鹿沼」として世界にも発信したいと語ってくれました。

　なによりも「花」という商品に対する愛情と思い入れが、コトPOP制作にも表れているのです。

「のぞき見歓迎」のひとことが気軽な感じを表現し、お客さまが花デコに一歩近づくための後押しをしている。

「花デコ」という新企画をわかりやすく伝えるため、あらかじめ
お客さまが知りたいことを、1枚にひとつずつ書いている。

伊藤香代さん
（いとう かよ）

神奈川ダイハツ販売（神奈川県）

逆転の発想から生まれた
お客さま想いの
直貼りコトPOP

　POPで商品を隠してはいけないという常識を覆し、車にコトPOPをペタペタと貼り付けて女性客の心をギュッとつかんだのは、神奈川県相模原市の「神奈川ダイハツ販売株式会社 淵野辺店」です。

　ダイハツの軽自動車は、女性をメインターゲットにしています。

　女性の車選びのポイントは多岐にわたり、子供の乗り降りがしやすいか、荷物の出し入れがラクか、収納ポケットの数は、車内空間がどれだけ広いかなどの他、操作性、燃費の良さ、税金、価格に加えてかわいらしさまでと、営業マンに聞きたいことが山盛りです。

　にもかかわらず、実際に営業マンが声をかけると、身も心もさっと引いてしまうのが女性のお客さまなのだと言います。

　そこで、あらかじめ女性のお客さまの「聞きたいこと」を、**コトPOPに書いて車に直貼り**することで疑問に応え、女性客のファンを増やしました。

　取材時このお店では、店長の伊藤香代さんが中心となってコトPOPを制作していました（現在は営業本部店舗営業部次長）。

　特に女性を意識したコトPOPづくりのポイントを聞くと、

直貼りコトPOPが、立体のカタログのようになり、お客さまは車の
周りをひと回りするだけで、いろいろな情報を得ることができる。

- 専門用語ではない、**わかりやすい言葉を使う**こと。
- 丸みのあるフォントやパステルカラーなど、**優しい色を使う**こと。
- 特に注目を集めたいときには**変形の用紙を使う**が、それも丸や雲型などで、**柔らかいイメージを壊さない**ようにすること。
- パッとお客さまの目に入るように、**訴求したい**、もしくは**体験してほしいそのポイントの場所に**、コトPOPを貼る。

　という答えが返ってきました。

ドア部分に数値入りのコトPOPを直貼りし、機能を説明することでお客さまの行動を促し、お客さまはその広さや高さといったリアルなサイズを体感できる。

「プライベートでも、素敵！　と思うコトPOPに出会うと、写真に撮って参考にしています」

と教えてくれたのは、パソコンPOP担当の竹澤麻里さんです。

伊藤さんはコトPOPの直貼りの効果をこう話します。

「車に貼られたコトPOPを読んだお客さまは、興味をかきたてられたのか、ドアの開閉をするなど実際の体験を積極的にされます。営業マンとの会話のきっかけにもなりますし、**スタッフ一人では伝え切れなかった情報をコトPOPがフォローしてくれる**ため、商談もスムーズになりました」

お客さまは一台ずつに貼られたコトPOPを読み、情報収集しながら店内の奥へと誘導されます。そのため自然と滞在時間が長くなり、車との接触時間も増えて車の価値がしっかり伝わるというわけです。

さらに、**「コトPOPは押しつけがましくないので、どんなお客さまとも相性がいい」**という一面を発見したといいます。

神奈川ダイハツ販売淵野辺店で直貼りコトPOPが成功したのは、偶然ではなく、メーカー全体の取り組みがあってのこと。それは、お客さまが入りやすく居心地がいいため長居したくなる店づくりを目指す「ダイハツ・カフェ・プロジェクト」と、「お客さまのことをなによりも優先して考える」という社風。

そこにはコトPOPを積極的に取り入れて、活用しようという環境がありました。そしてなによりも、大好きな車のことを、もっとお客さまに知ってもらいたいという店長である伊藤さんの熱意がスタッフを引っ張ったことが、直貼りコトPOPの勝因といえます。

おわりに

　コトPOPによって商品が売れるようになったお店を、僕はたくさん知っています。そういうお店に共通しているのは、お店のリーダーが中心になってコトPOPをお店全体で推進し、共有しながら協力してつくっていることです。

　だからこの本は現場スタッフだけでなく、小売店のトップや現場のリーダーにも読んでほしいと思っています。もちろん、実際にコトPOPを制作する人たちのために、売れるコトPOP制作の手引き書となるよう、お客さま心理をできるだけ解きほぐし、制作のためのヒントをわかりやすく書いたつもりです。

　あとは、本を読んだ一人ひとりの方が、自分の一番書きやすいマーカーを見つけるように、一番つくりやすい自分流の方法を見つけていってください。

　何度も言うように、コトPOPには「こうつくらなければいけない」という決まりは一切ありません。それは「ちょろこ」さんをはじめ、第7章に登場する人たちの考え方と作品を見れば、おわかりいただけるのではないのでしょうか。

　あなたがつくったコトPOPは、あなたの代わりに売場に立つあなたそのものです。

　そして、なによりもこの本が「コトPOPって自由に書いていいんだ！

やってみようかな！」の入口になることを願っています。

　最後になりましたが、僕の遅筆を叱咤激励しながら最後の最後まで辛抱強くお付き合いくださった、元・商業界の工藤澄人さんをはじめ編集の向後真理さん、川原舞子さん、また忙しい中、取材を快く引き受けてくださった一期家一笑の杉浦大西洋さん、ビック酒販の宮澤恭平さん（当時）、高崎卓球の中島陽介さん、いわい生花の筋野正美さん、神奈川ダイハツ販売の伊藤香代さん、さらに、コトPOPを書こうと思うすべての人たちのため制作の手の内を明かしてくれた「ちょろこ」こと沼博子さん、かわいいイラストを描いてくれた東里美さんに、この場を借りて多大なる感謝を申し上げます。本当にありがとうございました。
　そして、巻頭のコトPOPを制作してくれた湯田志保さんや「POPの学校」のメンバー、いつも協力ありがとう。事務所スタッフの渋佐浩美君、堀江明子君、ＭＥＩ、お疲れさまでした。

※「POPの学校」の開校は1984年。企業向けコトPOPの研修の他、山口校長が毎月一度、東京で開いている私塾がある。ここはいつでも誰でも参加でき、コトPOPの考え方を学び、共通の課題でコトPOP制作に取り組んでいる。業種業態の異なる参加者の中で、発想力アップと自分にはない切り口の発見で、コトPOPの経験値を上げることができる。そのため、リピーターが続出で、常に満員御礼!!　現在はオンライン・コトPOP勉強会も実施中。詳細はホームページ https://www.pop-school.com/ でご確認ください。

PROFILE

山口 茂 （やまぐち しげる）

1954年1月3日　神奈川県生まれ
コトPOPマーケティング コンサルタント
株式会社山口茂デザイン事務所 代表取締役社長
「POPの学校」主宰

コトPOPの提唱者であり、日本で唯一のコトPOPの
指導者。
35年以上にわたってコトPOPの制作指導・コンサ
ルタントに従事し、これまでに約29万人の受講者へ
の研修を実施。
全国のメーカー、小売店、飲食店を飛び回って、売
れるお店をプロデュースし続けている、人気・実力
No.1のコトPOPコンサルタント。

POP広告クリエイター技能審査試験 中央委員
日本コトPOPマイスター協会 副会長
著書、NHKでのテレビ出演多数

取材協力	株式会社サンシャインチェーン本部 キリンビール株式会社 カゴメ株式会社 ユニー株式会社 株式会社東急ストア 三菱鉛筆株式会社 株式会社ヤマグチ（でんかのヤマグチ） (順不同)
コトPOP 研修サイト	企業研修・コンサルティングはここからお問い合わせ、 お申し込みができます。 「**POPの学校**」https://www.pop-school.com/
主な出典	•『菊地君の本屋』 　永江 朗 著／アルメディア •『名作コピーに学ぶ読ませる文章の書き方』 　鈴木 康之 著／日経ビジネス人文庫 •『生協の白石さん』 　白石 昌則・東京農工大学の学生の皆さん 著／講談社

コトPOP® を書いたら　あっ、売れちゃった！

2020年11月20日　第1刷発行

著　者————山口 茂
発行者————徳留 慶太郎
発行所————株式会社すばる舎
　　　　　　〒170-0013　東京都豊島区東池袋3-9-7東池袋織本ビル
　　　　　　TEL　03-3981-8651（代表）
　　　　　　FAX　03-3981-0767（営業部直通）
　　　　　　振替　00140-7-116563
　　　　　　http://www.subarusya.jp/
カバー装幀————華本達哉（株式会社aozora）
印刷・製本————株式会社シナノパブリッシングプレス